나를 찾아서,
마음 여행

# 나를 찾아서, 마음 여행

**초판 1쇄 인쇄일** 2022년 3월 25일
**초판 1쇄 발행일** 2022년 4월  5일

**지은이** 고경수
**펴낸이** 양옥매
**디자인** 표지혜 송다희

**펴낸곳** 도서출판 책과나무
**출판등록** 제2012-000376
**주소** 서울특별시 마포구 방울내로 79 이노빌딩 302호
**대표전화** 02.372.1537  **팩스** 02.372.1538
**이메일** booknamu2007@naver.com
**홈페이지** www.booknamu.com
ISBN 979-11-6752-138-5 (03180)

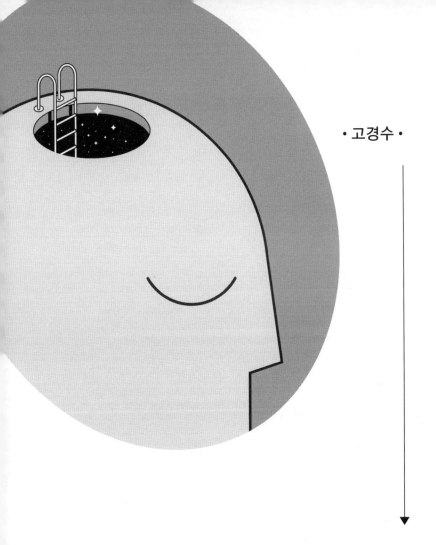

· 고경수 ·

# 나를 찾아서,
# 마음 여행

책과나무

많이 힘들고

많이 외롭고

많이 지친 당신께

이 작은 책을 바칩니다.


부디,

이곳에서의 여행이

당신께 추억이고

사랑이고

희망이었으면

좋겠습니다.


부자도 아니고

잘 놀아 주지도 않지만

그래도 아빠가

글 쓰는 사람이어서

제일 자랑스럽다던 두 딸과

묵묵한 기다림의 울림을
알게 해 준 당신께
동행의 감사함을 전합니다.

끝으로,
힘들고 어렵게 찍은 사진을
글 속에 넣도록 도움을 주신
추성모 님과

어려운 출판 환경 속에서
부족한 글이 세상에 나올 수 있도록
도움을 주신 책과나무 편집장님과
관계자분들께
감사하다는 말씀드립니다.

코로나19라는 팬데믹 상황은 많은 것을 변화시켜 놓으며, 지금도 여전히 사람들 간의 관계를 단절시키고 그 틈바구니 속에 새로운 관계의 장을 만들어 놓고 있다. 관계란 서로 눈빛을 마주 보고 웃어 가며 어깨를 들썩이면서 부둥켜안고 함께하는 것인데, 코로나19는 이러한 대면 속에서 주어지는 관계를 끊어 버렸다.

그러면서 온라인 상황 속에서 주어지는 비대면 속의 만남, 관계, 유희 등을 통해 삶의 여백을 채우도록 강요하고 있다. 이러한 팬데믹 상황 속에서 관계와 공존은 갈수록 어려워지고 각자도생이라는 삶의 절박함만이 생(生)의 긴 함성으로 울려 퍼지고 있다.

삶이 곧 생존이 되어 가는 상황 속에서 사람들은 온라인상에서 살아남기 위해 금융, 부동산, 게임, 술, 도박 등에 빠져들고 있다. 혼자 하는 외로움을 물질적, 도구적인 것들로 조금씩 채워 가는 사이, 본인도 모르게 깊은 늪 속으로 빠져들고 있는 것이다. 경제는 어려운데 주식, 비트코인 등 금융시장은 꾸준히 상승하고 있으며, 집은 많은데 내 집은 없고 누군가의 투기성 부동산만 늘어나고 있다. 관계와 공존이 단절된 빈 공간을 욕망의 몸부림이 채워 가고 있는 것이다.

코로나19는 분명 사라질 것이다. 그러나 더욱더 무섭고 두려운 것은 코로나19가 사라진 뒤, 코로나19가 남긴 관계의 단절과 외로움, 공허함을 어떻게 치유해 나아갈 것인가 하는 문제이다. 이러한 공허함을 제대로 치유해 나아가기 위해서는 무엇보다 자신에 대한 자아의 성찰이 제대로 이루어져야만 할 것이다.

다소 추상적이고 어려운 질문이지만, '나는 누구이며, 무엇을 하고, 어떻게 살아가는 것이 진정한 나의 모습인가?'에 대한 성찰이 되어 있지 않으면 코로나19라는 팬데믹은 그것이 끝난 뒤에 더 우울한 풍경을 우리 앞에 펼쳐 놓게 될지도 모른다.

삶은 관계 속에서 자아를 찾아가는 연속된 움직임이다. 이러한 관계 속에서 얼마나 자신의 가치를 잘 드러낼 수 있느냐 하는 것은 어쩌면 삶의 전부를 통해 가장 절실하게 요청되는 사항일지도 모른다.

2022년 어느 날
고경수

# 차례

## 1장

# 관계,

부
서
짐

# 수천 개의 작은 의무

삶의 방향과
생존의 사슬이 전하는
불협화음 속
힘겹게 돋아나는
너의 그림자가
깊어만 간다

——— 나를 찾아서, 마음 여행

나를 분석하는 것은 쉽지만 어렵다. 누구나 스스로를 분석할 수는 있으나 그 분석이 내면의 울림으로까지 이어지는 사람은 많지 않다.

이 쉽고도 어려운 질문 앞에 수많은 철학자가 온 생애를 걸고 탐구해 왔지만, 그 누구도 '당신은 누구이며 이런 사람이니, 이렇게 살면 됩니다.'라고 자신 있게 말하는 사람은 없었다. 다만 자신의 삶을 탐구하는 데 있어서 작은 나침반 하나 정도 손에 쥐여 줄 따름이었다. 그런데 그 나침반이라는 것도 결국은 타자의 생각에 불과하다. 답은 없다. 결국 그 무엇도 우리 삶을 규정해 줄 수는 없다. 우린 다만 그러할 것이라는 위로와 안심(安心) 속에서 잠시 누군가가 걸어간 길 뒤에서 의지할 뿐이다.

그런데 왜 우린 이처럼 힘든 의식의 작업을 해야만 할까? 그냥 살아가면 안 되는 것일까? 지금 걷고 있는 길이 바로 내 길이라고 생각하며 그냥 걸어가면 안 되는 것일까? 바람이 불어오면 불어오는 대로, 강물이 흘러가면 흘러가는 대로 그렇게 살아갈 수는 없을까? 어쩌면 이러한 발걸음이 가장 나다운 내면의 발걸음이 아닐까?

복잡한 일상 속에서 자신의 모습을 잃어버린 채 고된 하루를 보내고 나면 누구나 바람처럼 자유로운 삶을 꿈꾸게 된다. 내 마음이 가고자 하는 길을 찾아 떠나는 것은 누구에게나 동경의 대상이자 삶의 큰 소망이다. 그러나 우린 그런 삶의 중요성을 알고 있으면서도 좀처럼 마음의 길을 따라가는 삶을 살지 못한다.

이유가 뭘까? 여러 가지가 있겠지만, 가장 중요한 건 살아오면서 자신도 모르게 만들어 낸 거울 자아 때문이다. 우린 항상 내 모습을 바라보고 나를 평가하기에 앞서 다른 사람에게 비친 나의 모습에만 너무 집중하며 살아간다. 염치, 체면, 배려 등 아름답고 성스러운 말들로 포장된 교육과 훈육이 일평생의 삶을 내가 아닌 다른 사람의 눈에 비친 삶을 살게 만든다. 좋은 사람, 착한 사람, 배려 잘하는 사람, 겸손한 사람 등의 구속이 자신의 삶을 잊은 채 멋지게 포장하는 데에만 집중하게 만드는 것이다.

어려서부터 우린 늘 이러한 거울 자아에 구속당한 채 삶의 대부분을 소비한다. 그러면서 삶의 방향과 정체성을 송두리째 나 아닌 타자의 삶에 의지한 채, 마치 그 삶이 최선인 것처럼 정신없이 살아가게 되는 것이다.

거울 자아에 갇혀 사는 사람은 외적인 모습은 빛나고 화려할지는 몰라도 내면의 모습은 무기력하거나 어둑하게 잠겨 있는 경우가 많다. 이런 사람들은 늘 기쁨과 슬픔의 기준이 내가 아닌 타인에게 있다. 그래서 슬픔이 오면 자신의 삶에 대해 분노하듯이 강한 불평만 가득 쏟아 낸다. 또한, 기쁨이 찾아와도 그 기쁨의 가치를 자신의 삶에서 찾지 못하고 타자에게 의존하게 된다. 내가 기쁠 때 타인에게도 행복을 줄 수 있는 것이 아니라 타인이 행복할 때 나도 기쁘게 된다. 늘 내가 아닌 다른 사람의 굴레 속에서 삶의 긴긴 여행을 지속하게 되는 것이다.

어떻게 보면 이렇게 거울 자아에 길들여진 사람이야말로 주변을 잘 이해하고 배려하는 매우 따뜻하고 도덕적인 인간으로 보일 수도 있다. 그러나 거울 자아에 길들여진 사람은 언젠가 내면의 갈등과 불일치, 혼란으로 결국 깊은 슬픔과 절망 속에 빠져들게 된다. 눈치, 체면을 바탕으로 한 타자와의 관계는 지속적 만남의 장을 형성할 수 없고 단지 일시적 거울에 비친 관계만을 나타내 줄 뿐이기에 이러한 사람과의 만남은 때때로 부정적 결말을 보여 주는 경우가 많다.

거울 자아는 어려서부터 잘못된 가정교육에 의해 무자비한 방식으로 주입된다. 또한, 긴 시간을 보내야만 하는 잘못된 학교 교육은 너무나 자연스럽게 우리의 모든 것을 규정하고 빼앗아 버린다. 가정에서의 유교적 가치관, 부모의 잘못된 거울, 사회 구조적 연결고리 등이 한 번뿐인 소중한 삶을 거울 자아에 송두리째 저당 잡혀 살아가도록 강제화시키는 것이다.

모델링, 덕 교육, 위인전 독습, 위대한 사람의 찬양과 존경 등이 자신의 가치를 찾고 자아를 탐색하기에 앞서 무조건적으로 누군가를 추종하고 따라가는 데에만 열중하게 만드는 것이다. 먼저 자신의 모습을 찾고 부족한 점을 보완하기 위해 모델링하는 것이 아니라, 모델링을 먼저 주입하고 가르치면 결국 그 사람을 닮아 멋지고 훌륭한 사람이 될 것이라고 착각하게 만드는 것이다.

이 세상에 누구의 모습대로 살아갈 수 있는 사람은 없다. 우린 모두 자신의 고유한 가치와 개성, 삶의 목표와 방향을 지닌 독자적 존재이기 때문이다. 그런데 우린 사랑이라는 잘못된 교육에 휩싸여 자신이 좋아하는 모습대로 누군가를 모델링하거나 인격화시키는 데 너무 많은 시간을 소비하게 된다.

아이들의 성장의 밑거름인 가정과 학교에서 이러한 교육의 문제점은 두드러지게 나타난다. 어려서부터 부모는 늘 부모의 생각과 가치관에 빗대거나 옆집에 사는 잘난 누군가의 삶을 동경하면서 자신의 자녀가 그들의 소망대로 살아가 주기를 바란다. 학교는 이러한 교육의 연장선 속에서 모범생이라는 특정 거울을 가지고 모든 학생을 일률적으로 줄 세우는 데 집중하면서 소수의 승자를 위해 다수의 패자를 양산해 낸다. 그러면서 아이들은 더는 자신의 삶의 모습에 대해서 묻지 못하고 조금씩 부정적 자아를 확립하게 되면서 거울 자아만을 가슴에 품은 채 나 아닌 다른 삶을 살게 되는 것이다.

그러다 어느 순간 삶의 지 끝머리에서 황혼의 노을이 희미하게 빛바래져 갈 무렵, 거울에 선 자신의 모습을 보게 된다. 그런데 안타깝게도 그 속에 나는 없고 다른 무수한 사람들의 표정, 관심, 기대만이 빼곡하게 빛나고 있음을 깨닫게 된다. 삶의 이력서라는 것이 결국은 누구의 관심과 기대, 책임을 얼마

만큼 잘 수행했는지에 의해 가득 채워지게 되는 것이다.

소설가 알랭 드 보통은 이러한 거울 자아에 길들여진 삶에 대해 말한다.

"하나의 큰일이 우리를 죽이는 게 아니다. 다른 사람이 실망하는 게 무서워서 거절하지 못한 수천 개의 작은 의무가 우리를 죽게 한다."

길옆의 이정표는
너무도 곱고 다정하게
잘 피어나는데
진정 내 마음의 이정표는
피기도 전에
내 마음속에서 사라진다

너무 많은 이정표가
곳곳에 삶의 정답이라는
이름으로 널려 있지만
진정 그 어떤 안내도
내 마음속 꽃 한 송이
제대로 피우지 못한다

# 독자와 사슬 사이

당신과 나 사이

균형을 잃지 않고

나를 사랑하는 만큼

당신도 내 품 안에

온전하게 담기 위해서

지금 내 마음은

어떤 준비를 해야만 할까?

나는 관계 속에서 규정된 채 그 관계를 위해 살아가야 하는 사슬적 자아인가? 아니면, 그 누구도 아닌 나만의 삶의 빛깔을 빛내며 살아갈 수 있는 독자적 존재인가?

나를 알기 위해서는 관계 속의 나를 파악해야만 하는가? 아니면 관계를 끊고 독립된 자아를 파악해야만 하는가?

만약 선택해야 한다면 우린 자신의 존재를 규명하기 위해 이 둘 사이에서 어떠한 삶을 지향해야만 할까?

사회적 존재로서 인간은 타자와 관계없이 오직 자유인으로만 살 수는 없다. 내가 살아가는 곳곳엔 내 삶을 규정하는 다른 누군가가 반드시 존재한다. 아무도 없는 무인도에서 혼자 살아가지 않는 이상 타자와의 관계 속에서 자신의 삶을 규정하게 되는 것은 필연적 법칙일지도 모른다. 따라서 자신의 모습을 자유롭게 펼치면서도 타인과의 관계를 빛낼 수 있는 삶을 지향해야만 한다.

그래서 우린 '나는 누구인가?'라는 물음에 답해야만 한다. 그리고 이 답변은 절대 타자에 의해 규정되어서는 안 되고 스스로가 찾아야만 한다. 자신의 고뇌와 성찰에 의해 나라는 존재를 찾아갈 수 있을 때 비로소 타자와 조화된 내 삶의 진정한 빛깔을 알 수 있다.

타자를 이해하고 포용하는 삶을 살기 위해서는 먼저 자신의 가치와 삶에 대해 말할 수 있어야만 한다. 자신의 모습에 대해 말할 수 없는 삶은 결국 그 누구도 포용하거나 이해할 수 없게 된다. 결국 그러한 삶을 사는 사람은 이중적 삶의 실타래 속에서 한쪽으로 치우쳐 낙오자가 될 뿐이다.

나를 찾아가는 일은 아주 어릴 적부터 지속되어 왔고 지금도 계속되고 있다. 그러나 어느 한순간도 참다운 나라고 규정할 수 있는 내 모습을 찾은 적은 없다. 다만, 짧은 순간 외적 환경 및 내적 강제에 의해 규정된 모습에 만족하며 살아왔을 뿐이다. 상황은 늘 변하고, 변화된 환경은 쉽게 자신의 모습을 잃게 만든다.

그래서 우린 살아가면 살아갈수록 본래의 모습을 잃고 포기하는 법을 깨달으며 주변의 환경에 자신의 삶을 맡기는 것이 최선의 삶이라고 주술을 거는지도 모른다. 그래서 우린 늘 외롭고 공허하다. 열심히 살고는 있지만 무언가가 늘 채워지지 않는 공허함이 자신의 삶을 짓누르게 만드는 것이다.

새벽녘 잠에서 깨 빈 거실을 정처 없이 돌아다니다 그러한 헤맴이 잠을 못 자는 것만큼 두렵고 무의미해질 때면 어쩔 수 없는 선택에 따라 밖으로 나간다. 적어도 그 순간만큼은 넓은 공간에 서서 빈 공백과 투명한 나를 마주할 수 있기 때문이다. 아무것도 보이지 않고 아무것도 없는 곳엔 오롯한 내면이 드리우게 된다. 그러나 순백의 자아가 낯설다. 아니, 두렵고 무섭다. 뭔가 모르게 밀물처럼 스며드는 끈적끈적한 공허함과 외로움이 자신의 빈 모습과 마주하는 것을 두렵게만 만든다.

독일 철학의 거장, 칸트는 철학의 중심 주제를 다음 세 가지 물음에서 찾았다.

"나는 무엇을 알 수 있는가?"
"나는 무엇을 행해야만 하는가?"
"나는 무엇을 희망해도 좋은가?"

이 물음은 곧 자아 찾기의 주제와 연결된다. 내가 누구인가를 알기 위해서 반드시 거쳐야 할 과정은 위와 같이 '나는 무엇을 알 수 있고, 무엇을 행해야만 하고, 무엇을 희망해도 좋은가?'에 답해야만 한다는 것이다.

그러나 이것은 정말 어려운 일이다. 하루에도 쉼 없이 변하는 마음의 물결과 좀처럼 가늠할 수 없는 의식의 현상을 규정한다는 것은 쉬운 일이 아니다. 개성, 취미, 특기, 가치관, 정체성과 같은 추상적 용어로 자신의 모습을 드러내 보고 싶어 하지만 이것 또한 쉬운 일은 아니다. 왜냐하면 그러한 것들이 정말 나다운 내 삶을 규정해 주는 것인지에 대해 우린 늘 궁금하기 때문이다.

나는 누구인가? 이 물음에 대한 답을 찾는 좀 쉬운 길은 없을까?

어디서부터 나를 찾는 여행을 떠나야 내 의식 속에 감추어진 나라는 존재를 알 수 있을까? 어쩌면 불교에서 말하는 것처럼 의식의 종자와 같은 것이 내 마음의 전부를 지배하고 있는 것은 아닐까? 만약 그렇다면 자아 찾기는 영원히 비밀의 수수께끼로 묻힐지도 모른다. 왜냐하면 윤회의 사슬 속에서 돌고 도는 의식의 종자를 이성적 사유 능력으로 아는 것은 쉽지 않기 때문이다.

따라서 자아 찾기에 대한 답변은 절대 형이상학적이거나 지나치게 추상적이어서는 안 된다. 인식의 문제를 지나치게 관념으로 이끌고 갈 경우, 이에 대한 답변은 결국 추상적 일반화에 머물기 때문이다. 따라서 추상적 질문일수록 구체화·현실화의 문제에 집중해야 그 안에서 자신을 설득시킬 수 있는 답을 찾을 수 있다.

그럼 주변 사람들에게 물어보면 답이 나올까?

그러나 타자에게 인식된 거울 자아로서의 나는 결국 그들의 가치관 속에 함몰되어 있다. 그들이 말하는 나는 결코 내가 아니라 그들의 마음속에 비친 내 모습일 뿐이다. 따라시 백 명에게 물어보면 백 명 모두 나에 대한 모습과 평가는 다를 수밖에 없다. 이기적인 인간이 이타적 인간으로 평가받을 수도 있고, 이타적 인간이 누군가에게는 이기적 인간일 수도 있다.

따라서 중요한 것은 타인의 평가에 지나치게 의존하여 자신의 삶을 규정하려고 해서는 안 된다는 것이다. 자부심, 자긍심이라는 말은 타인으로부터 가져와서는 안 된다. 내 삶의 자긍심은 자신의 내면적 가치에 의해서 도출되어야만 참된 가치를 지닐 수 있다. 타자의 시선은 늘 유동적이고 자신의 가치에 따라 변하는 물결과 같다. 따라서 특정한 타인의 시선에 자신의 소중한 가치를 함몰시켜 바라봐서는 안 된다.

그러면 이러한 타인의 평가를 어떻게 받아들여야만 할까? 그리고 자신의 행동에 주어지는 수많은 타인의 평가를 어떻게 인식하며 살아야만 할까?

사회적·관계적 존재로서의 삶 가운데 타인의 시선과 평가는 결코 외면할 수 없는 중요한 가치를 지닌다. 아무리 내면의 자아가 잘 발달되어 있을지라도 타인으로부터 지나치게 따가운 시선을 받게 된다면 자신의 자아에 대한 자긍심 또한 잘 발생하지 않는다. 그럼 타인의 평가와 시선에 대해 어디까지 의미를 두고 어느 부분에서는 과감히 무시하고 지나치는 것이 중도(中道)의 길일까?

참 어려운 질문이다. 기계도 아닌 인간이 그러한 의식 작용을 스스로 통제한다는 것은 사실상 불가능하기 때문이다. 내 마음이지만 내 마음을 내가 하고 싶은 대로 조정하거나 통제할 수 있는 사람은 없다. 마음의 지각, 인식, 흐름 등은 내 것이면서도 내 것이 아닌 경우가 많다. 어쩔 땐 내 기억 속에 '삭제하기'

버튼이 있었으면 하고 간절하게 바랄 때도 있다. 이제 그만 좀 잊고 싶은데, 잊을 수 없는 기억이 자꾸만 스멀스멀 돋아나 몸과 마음을 지쳐 가게 할 때면 더욱더 이러한 바람이 간절하다.

그러면 어떻게 해야 할까? 수없이 직면하게 되는 타인의 시선, 평가, 굴레, 사슬을 어떻게 가늠하며 살아가야만 할까?

타인의 시선이 내 삶의 굴레가 아닌 내 삶의 디딤돌이 되기 위해서는 먼저 스스로가 자신을 객관적으로 바라볼 수 있는 내면 자아가 잘 발달되어 있어야만 한다. 자신의 모습을 비춰 줄 내면 거울이 없을 경우, 그 모습은 늘 타인에 의해 규정된 외면 거울에 의해 종속받기 때문이다. 따라서 자신을 찾아가는 길은 어렵지만 매우 소중한 길이다. 이 길을 알아야지만 우린 다른 사람의 내면 자아도 존중하면서 삐걱거리지 않는 삶을 살아갈 수 있다.

이러한 중요성 때문일까? 수천 년 동안 '고전'으로 전해 내려오는 대부분의 명저(名著)가 말하고자 하는 바는 결국 어떻게 하면 내면 자아를 찾을 수 있느냐 하는 것이었다.

고대 그리스 철학자 플라톤은 그의 글에서 소크라테스와의 만남을 이렇게 표현했다.

"내가 그분의 말을 들을 때마다 나의 가슴은 그분의 말씀으로 인하여 코리반테스 신도들이 신들렸을 때마다 훨씬 더 빨리 뛰게 되고 눈물까지 흘리게 된다네. 아울러 나는 다른 많은 사람도 동일한 감정을 느끼고 있음을 알게 된다네."

소크라테스는 내면 자아를 찾기 위한 가장 효과적 방법으로서 반성적 성찰을 통한 무지의 자각을 주장했다. 타인의 시선으로부터 벗어나 자신의 내면세계에 잠들어 있는 참된 자아를 깨우고 그러한 자아로부터 세상을 바라보아야 덕을 쌓고 행복한 삶을 살 수 있다고 본 것이다.

그런데 소크라테스가 말한 무지의 자각을 깨우치는 일은 쉬운 일이 아니다. 그는 문답법을 통해서 아테네 청년들이 단순한 물음의 고민에 그치지 않고 그 물음을 계속해서 되씹으며 이성이 인도하는 순수한 자아의 문턱 앞에 도달하게 했지만, 평범한 우리 같은 사람들은 좀처럼 그 길을 갈 수 없을 뿐만 아니라 그 길에 대한 가치 또한 쉽게 깨닫지 못한다.

'나는 어떠한 삶을 살아야 하는가?'라고 고민하는 청년에게 소크라테스는 말한다. 어떠한 삶을 살아야 하는가를 고민하기에 앞서서 '너는 어떠한 삶이 가치 있다고 생각하는지'에 대해서 성찰하라고. 그리고 그 가치를 찾게 되면, 하나하나의 가치에 대해서 다시 묻는다.

예를 들어 권력이 삶의 가치가 있다고 말하면, 그 권력이 왜 삶에 가치가 있다고 생각하는지를 묻는다. 그리고 권력이 가치 있는 이유가 보편적 이성의 기준에 봤을 때 당신의 삶을 행복하게 할 수 있는 가치인지를 다시 묻게 된다. 이렇듯 소크라테스는 고민하는 아테네 청년들에게 삶의 정답을 말하지 않고 끊임없이 삶을 고민하게 만들었다. 이러한 고민을 통해서 계속 자신을 성찰하다 보면 어느 순간 참된 진리를 깨우치게 된다는 것이다.

어쩌면 이러한 자아 찾기의 방법은 불교에서 말하는 '간화선'의 방법과도 비슷한 수행법이라고 볼 수 있다. 간화선이란 불교의 선(禪) 수행 방법 중 화두(話頭)를 들고 수행하는 참선법을 말한다. 예를 들어 '너는 누구인가?'라는 물음에 대해 그 속에 담겨 있는 숨겨진 의미를 찾아 계속해서 마음공부를 해 나가는 것이 간화선이다.

다소 엉뚱한 행위 같지만 그 엉뚱한 행위 속에 담겨 있는 순백의 마음을 찾아 떠나는 것이다. 이러한 수행법을 따르다 보면 소크라테스의 무지의 자각을 통한 깨달음처럼 어느 순간 참된 내면의 나와 마주치게 된다.

그러면 참된 내면의 나란 무엇일까? 소크라테스의 문답법과 불교의 간화선을 통해서 알고자 했던 순백의 나, 텅 빈 나란 무엇일까?

어쩌면 이에 대한 답변은 물음을 던지는 순간 이미 모순을 범하고 있을지도 모른다. 바로 그 텅 빈 나에 대한 답변은 언어의 영역을 넘어서 있는 정신의 영역, 영혼의 영역이기 때문이다. 다만, 우린 그 보이지 않는 영혼의 범주를 잠시나마 언어를 빌려 포장할 수 있을 뿐이다.

　김수환 추기경님의 어린 시절 삶의 고민과 환경 등을 다룬 영화 〈저 산 너머〉를 보면, 추기경님이 '내 마음의 씨앗'이 궁금해 신부님에게 찾아가 고해성사를 하는 과정에서 다음과 같은 대사가 나온다.

　추기경님 : 신부님, 내 마음의 씨앗을 어떻게 알 수 있나요?
　신부님 : 내 마음속엔 세 가지 내가 있습니다. 첫 번째는 남이 아는 내가 있고, 두 번째는 자기가 아는 내가 있으며, 세 번째는 자기도 모르는 내가 내 안에 있는 것입니다.
　추기경님 : 자기도 모르는 나를 그러면 어떻게 알 수 있나요?
　신부님 : 그건 천주님께서 알려 주실 것입니다.

　늘 나에 대한 평가는
　나에 의해 이루어지는 것이 아니라
　주변에 의해 이루어진다
　내가 누구인지
　내가 무슨 생각을 하며
　어떠한 사람인지
　늘 주변 사람들이 더 많이 말하고
　더 많이 평가한다

그 말과 평가에

나도 모르게 자신을

그런 나로 규정해 버린 채

내면 자아에 대한 성찰을 닫아 버린다

그리고 한평생을

타인에 의해 길들여진

외면 자아의 거울 속에서

힘겹게 살아가게 되는 것이다

# 의식 밖의 나

내 마음을

내가 가고자 하는 방향대로

이끌고 갈 수 있다면

좋은 거겠지

그러나 만약 그렇다면

그건 어쩌면 프로그램화된

기계적 삶일지도 몰라


무의식의 공간,

나도 어찌할 수 없는

저 심연의 깊은 공간과

의식의 힘겨운 싸움

그 속에서 피어날 수밖에 없는

불안한 자아

어쩌면 이건 숙명일 거야

인간이라는 숙명

다시 처음으로 돌아왔다. 결국 사상가들의 가르침을 아무리 펼쳐 봐도 그 끝에서 마주하는 질문은 다시 '나는 누구인가?'라는 반복되는 질문이다.

지금 이 글을 쓰고 있는 나의 마음은 보이지 않는 내 정신의 명령을 받아 적고 있는 것일까? 아니면 정신분석학자 프로이트의 말처럼 저 심연의 끝자리에 잠겨 있는 무의식의 지배를 받고 있는 것일까? 불교에서 말하는 의식의 종자가 있어서 윤회를 거듭하면서 내면에 담겨 있는 자아의식을 지배하고 있는 것은 아닐까?

사람들이 마음공부를 하면서 가장 쉽게 독선에 빠지는 오류 중의 하나가 자신의 마음을 분명히 알고 통제할 수 있다는 커다란 착각이다.

그러나 그 누구도 결코 자신의 마음을 분명하게 진단하고 그에 알맞은 처방을 내릴 수는 없다. 우리의 마음은 이성의 명령을 받아 순응할 수 있는 영역과 이성의 명령과 상관없이 존재하는 무의식의 영역이 늘 복잡하게 교차하고 있기에 이것을 일목요연하게 정리하여 통제한다는 것은 사실상 불가능하다. 지금 이 순간도 우리의 마음은 끊임없이 변화하고 있다. 그 변화는 자신의 통제 속에서도 이루어지고 있지만, 대부분 자신의 통제 밖에서 자신도 모른 채 변화하고 있다.

이러한 이유 때문일까? 석가모니는 제행무상(諸行無常), 제법

무아(諸法無我)라는 설법을 통해서 이 세상에 존재하는 모든 현상에는 고정된 것이 없다고 봤다. 즉, 존재하는 모든 것은 연기의 사슬 속에서 돌고 돈다는 것이다. 따라서 마음이라는 것은 붙잡으려고 해도 붙잡을 수 없고 놔준다고 해도 놔줄 수가 없다. 어쩌면 처음부터 마음은 우리의 자아의식의 영역 밖에서 더 무거운 발걸음을 내딛고 있는지도 모른다.

그러면 우리는 이렇게 자신의 마음조차 제대로 가늠할 수 없는데 정말 자신의 모습에 대해 알 수는 있을까? 타인으로부터 억압받거나 흔들리지 않는 참된 나를 찾아서 그 모습대로 살아간다는 것이 가능할까?

지킬 박사와 하이드의 양면성처럼 선과 악이 교차하는 인간의 두 얼굴 속에 무엇이 자신의 참된 모습인지를 파악하고 그 모습대로 살아갈 수 있을까?

맹자의 성선설처럼 인의예지(仁義禮智)의 덕목은 우리의 마음을 지배하는 순수한 본성이고, 이러한 본성만 잘 발현하면 우린 누구나 도덕적인 인간이 될 수 있을까? 만약, 정말 그렇다면 주변에서 너무나 자주 목격되는 이중성을 지닌 인간의 모습은 어떻게 설명해야만 할까? 단순하게 욕구, 욕망을 닦는 수행을 게을리했기 때문이라고 말해야만 할까?

만약 그렇다면 결국 선의 본성, 선의 힘이라는 것은 언제나 부서질 수 있는 신기루 같은 것이 아닐까? 이런 신기루 같은 존재를 두고 인간의 본성을 선으로 단정하거나 규정하는 것은 단순한 소망이 아닐까?

그러면 순자의 말처럼 우리 인간은 선한 도덕성의 통제를 받는 것이 아니라 언제나 이기적 함정에 빠질 수 있는 악한 존재일까? 만약 그렇다면 정말 아무 조건 없이 돋아나는 사랑의 마음, 눈물, 공감의 어루만짐 등에 대해서는 어떠한 해석을 내려야만 할까?

우리가 하는 행동은 늘 이성의 판단에 따라 행동하는 것은 아니다. 이성과 상관없이 이루어지는 선한 행동도 있다. 즉, 슬픈 자를 봤을 때 흐르는 눈물의 의미는 순자의 본성론에서는 더는 설명할 수 없는 한계에 부닥치고 마는 것이다.


나는 누구인가? 규정하고자 하면 규정할수록 더욱더 멀어지는 나는 누구인가?

이처럼 흔들리는 마음을 다스리기 위해 불교에서는 팔정도(八正道)의 수행법을 제시한다. 늘 바른 것을 보고(정견·正見), 늘 바른 생각을 하며(정사·正思), 늘 바른 말을 하고(정어·正語), 늘 바른 행위를 하며(정업·正業), 늘 바른 직업을 갖고(정명·正命), 늘 바르게 수행하고(정정진·正精進), 늘 바르게 기억하고(정념·正念), 늘 바르게 참선해야(정정·正定) 함을 강조한다.

그런데 정말 이러한 수행을 지속하다 보면 어느 순간 내 의식과 무의식이 모두 일치하여 그 어떤 것에도 얽매이지 않는 정신적 자유로움의 경지에 도달할 수 있을까? 끊임없이 무의식의 지배를 받으며 괴로워하고 있는 것은 자신의 마음을 제대로 돌보지 못한 결과인가? 그러면 정말 팔정도를 꾸준히 실천하면 어느 순간 의식과 무의식이 모두 조화롭게 통합되어 늘 한결같은 마음을 지니는 이상적 경지에 도달할 수 있을까?

물론, 그 경지가 있을 수도 있다. 그러나 이상하게 열반, 해탈이라고 부르는 그 경지는 평범한 사람이 도달하기에는 너무나 고달프고 멀게만 느껴진다.

그러면 실존주의의 가르침처럼 죽음의 문턱으로 달려가 보면 지금의 나라는 존재에 대해 알 수 있을까?

독일의 철학자 야스퍼스는 죽음이라는 한계 상황을 통해 실존의 의미를 자각할 수 있다고 봤다. 그 누구도 어찌할 수 없는 죽음이라는 극한 상황의 공포와 두려움을 초대해 삶이 곧 마감할 것 같은 긴장감 속에서 순간순간을 맞이하게 된다면, 정말 순수한 의식의 세계 속에서 무의식과 교감하여 평온한 삶을 살 수 있을까?

당장 나에게 허락된 시간이 단 하루밖에 주어져 있지 않다고 생각해 보자. 물론 가정이지만 그 가정을 되도록 철저하게 현실의 문 앞에 내던져 보면, 똑딱똑딱 흘러가던 무의미한 시침의 소리가 갑자기 증폭기의 울림처럼 들리기 시작한다. 60초라는 그 지겹던 시간이 귀한 보석이 되어 심장을 뛰게 만든다. 죽음 앞에 영원히 머무를 수 있는 것은 아무것도 없다.

이렇듯 죽음은 직면한 순간들을 더없이 소중하게 만드는 최고의 선물이자, 최악의 고통이다. 따라서 우린 죽음이라는 최악의 고통을 최고의 선물로 받아들이기 위해서는 매 순간 죽음을 곁에 두고 죽음이 전하는 울림에 귀를 기울여야만 하는 것이다.

'오늘 하루는 어제 죽은 이가 그토록 기다리던 내일이다.'라는 말처럼 어제 죽은 이에게 오늘 하루는 그 무엇으로도 살 수 없는 소중한 하루이다. 지금 당신과 나는 그 하루하루를 살아가고 있는 것이다.

삶을 늘 이렇게 긴박하게 바라볼 수만 있다면 삶의 대부분은 아마도 유의미한 의미로 가득해질 것이다. 그러나 가정은 가정에 지나지 않는다. 곁에 있지 않은 죽음을 곁으로 불러들이는 일은 쉽지 않다. 이것은 부단한 노력과 성찰이 있어야만 가능한 것이고 이에 맞는 환경이 눈앞에 주어져야만 가능하다.

간혹 하루하루를 좀 더 열정적이고 의미 있게 살기 위해서 수없이 최면을 걸듯 오늘 하루밖에 시간이 없는 것처럼 열심히 살아 보자고 다짐해 보지만 이러한 맹세는 얼마 못 가 복잡한 현실 속에서 금세 무너지고 만다.

나는 누구이고, 무엇을 위해 살아야 하며, 어떻게 살아야 나다운 삶인가? 보다 쉽게 나를 규정해 줄 수 있는 사상은 없을까?

책을 읽으면 읽을수록

답은 멀어지고

고민만 깊어져

책을 덮고 길을 나선다


하늘도 보고 나무도 보고

꽃도 보고 흙도 밟아 보고

긴 호흡으로

당신의 숨결을

마음속에 담아 본다

# 떠남, 홀로함의 고요함

살아간다는 것은
길을 잃는 과정의 연속이다
누구나 길을 걷다 보면
길을 잃게 된다

길을 잃지 않는 것은
두 가지뿐이다
가야 할 길이 없다거나
다른 누군가가 닦아 놓은 길을
질문 없이 따라가는 경우뿐이다

밤이 깊어 간다. 밤이 깊어 갈수록 사람의 소리는 사라지고 자연의 소리가 더욱더 또렷하게 밝아 온다. 바람도 소리가 있고 나뭇잎도 소리가 있다. 바람의 소리는 마치 영혼의 울림처럼 깊고 고요하며 은은하게 마음을 적시는 이슬비처럼 곱고 투명하다. 바람의 소리는 귀로 듣기보다 마음으로 듣고 눈으로 바라보게 된다. 시각과 청각, 촉각의 뒤틀림 속에 머무는 바람의 영혼 속을 잔잔하게 더듬다 보면 그 속엔 잃어버린 추억들이 하나둘씩 돋아나 빈 자아를 따뜻하게 어루만져 준다.

밤이 깊어 간다. 보이는 것이 어둡고 침침해질수록 눈은 밝음으로부터 멀어져 어두운 내면으로 향하게 된다. 시각이라는 것은 본래 보이는 것보다 보이지 않는 것을 보고자 할 때 마음과 통하게 된다. 눈앞에 보이는 현상적 실체에만 집중할 경우, 그 안에 갇혀 있는 본질을 보지 못한다. 그래서 가끔은 밝음보다 어둠이 필요한 것이다. 어둠속으로 깊게 들어가 보면 알게 된다. 빛나는 것보다 빛나지 않는 것 속에 존재하는 가치에 대해서.


합천 해인사, 스무 살 무렵부터 꼭 한번은 가 보고 싶었던 동경의 공간으로 떠난다.

욕망을 포기하는 것은 쉽지 않은 일이다. 왜냐하면 욕망을 충족시키는 일은 늘 달콤하고 유쾌하며 짜릿하기 때문이다. 따라서 우린 삶의 대부분을 욕망을 충족시키기 위해 산다. 공부를 하고 취직을 하고 돈을 벌고 권력을 얻고자 하는 모든 것이 욕망의 충족과 연결된다. 그러나 이러한 욕망의 충족에는 한계가 있다.

석가모니는 보다 엄격하게 인간의 욕망은 마치 바닷물과 같아서 마시면 마실수록 더욱더 갈증을 느낄 수밖에 없기에 욕망으로부터 해방된 삶을 살아야 함을 강조했다. 그러나 욕망 충족이 쾌락이 아니라 더 깊은 고통을 줄 수 있음을 안다는 것은 쉽지가 않다. 그리고 대부분의 사람은 욕망 결핍의 고통에서 벗어나 조금이라도 더 깊은 욕망을 충족시키려고 늘 분주하게 살고 있다.

그러나 석가모니의 말처럼 인간의 욕망에는 끝이 없다. 정말 채우면 채울수록 더 큰 것을 바라는 것이 인간의 욕망이다. 따라서 욕망 충족에는 반드시 절제가 필요하다. 절제가 함께하지 않는 욕망 충족은 결국 그 욕망으로 인해 삶을 파멸로 이끌 수도 있다.


수행의 길을 떠난다. 현실적 욕망을 모두 끊을 수는 없어도 최소한 현실적 삶 가운데 욕망의 바다에 미친 듯이 뛰어들지 않기 위해서는 자신의 욕망을 점검해 보는 시간이 필요하기 때문이다.

합천 해인사, 템플스테이. 이 시간만큼은 온전하게 밖의 세계와 차단하고 내 안의 나를 만나 본다. 떠남은 꼭 무언가를 얻지 못해도 좋다. 어쩌면 처음부터 무언가를 얻기 위해 발걸음을 돌렸다면 아무것도 얻지 못할 수도 있다. 따라서 떠남은 그 자체가 바람의 인사처럼 아무런 의도가 없는 발걸음이어야만 한다. 그리고 되도록 많은 것을 내려놓고, 주변을 벗어나 순백의 자연과 나를 온전하게 빈 공간으로 초대해야만 한다.

한 평 남짓한 공간에 책상과 옷장, 침대 하나가 있다. 충분한 공간이고 편리한 시설이다. 아무것도 기대하지 않았는데 의외로 모든 것이 완벽하다. 넓은 마당과 깨끗한 공간, 그리고 더는 아무것도 들리지 않는 정적, 이 정도면 충분히 답답한 습기(習氣)를 제거하고 내면의 나와 마주할 수 있다는 생각이 든다.

사무실에서 내어 준 편한 옷으로 갈아입은 다음 잠시 사찰의 역사와 템플스테이 기간 동안 지켜야 할 절차와 의식 등을 숙지하고 다시 방 안으로 들어간다. 사립문 사이사이로 문풍지를 통과한 따스한 햇살이 방바닥에 구름 같은 흔적을 남긴다. 그 햇살이 너무 따뜻해 햇살 아래 몸을 눕힌다.

사방을 주시하면 주시할수록 사방은 말이 없고 내면의 마음만이 움직인다. 천장 위에 하나둘씩 새겨지는 지난날의 성찰과 반성, 그리움을 뒤에 남긴 채 책상 위에 꽂혀 있는 불교 서적 몇 구절을 읽어 볼까 하다가 다시 꽂는다. 많이 읽었고 많이 사유했으나 늘 삶은 위태로웠고 공존은 어려웠다. 일상은 늘 책에 나오는 것처럼 쉽게 전개되지 않았다. 살아가는 삶은 책을 많이 읽고 생각을 많이 한다고 하여 그 모습대로 흘러가지는 않았다. 이러한 이유 때문일까? 언젠가부터 실질적인 내면의 울림을 전하지 못하는 책이 지겹고 답답하게만 다가왔다.

겨울이 다 지나지 않은 계절이라 그런지 찬바람이 문틈 사이로 삐죽삐죽 들어온다. 바람이 상쾌하다. 문을 열고 마당으로 나가 본다. 마당에 나가 아무 말 없이 걸어 본다. 가끔 어디에선가 사찰을 찾는 사람들의 웃음소리와 어느 스님의 불경 소리가 귀에 들려온다. 그리고 옆 계곡에서 흐르는 시냇물 소리가 마치 호흡의 숨결처럼 잔잔하게 가슴을 적셔 온다. 시냇물 소리는 사람의 기운과 함께 조응하는 소리라 들으면 들을수록 마음이 편하다.

듣기 좋은 소리가 있고 듣기 싫은 소리가 있다. 그런데 이상하게 자연의 소리는 대부분 듣기가 좋다. 이건 아마도 인간 또한 자연의 한 부분으로서 자연의 생명체로 살아가고 있다는 증거일지도 모른다. 마당 한편엔 수백 년을 살아왔을 나무 몇 그루가 보인다. 나무의 아래에서부터 위까지 멀리 쳐다본다. 나무를 보다 보면 나무 속 하늘이 보인다. 아무런 규제 없이 세월이 허락한 시간 속에서 자신의 몸을 키워 온 나무는 말이 없다.

낯선 한 사람이 또 이곳을 찾아 올라온다. 한 손엔 캐리어를 끌고 등엔 가방을 멘 채 힘겹게 올라온다. 짐이 꽤 많은 거 같다. 중년의 낯선 여인, 갑자기 그 여인의 삶이 궁금해진다. 적어도 아이가 있다면 대학생 정도 되어 보이는 저 여인은 왜 추운 겨울 홀로 이곳에 오게 된 것일까?

바람에 날리는 머릿결이 부산하게 움직인다. 머릿결 사이사이로 수줍은 듯 피어나는 눈빛이 나처럼 초행인 것 같은 느낌을 준다. 여인의 모습에 잠시 시선이 간다. 평소에는 별로 관심 갖지 않을 모습인데, 낯선 곳에서 좀처럼 인적이 보이지 않는 곳이어서 그런지 시야에 다가오는 모든 것이 새롭고 호기심 가득 다가온다.

바람이 강해진다. 가볍게 차려입은 옷깃 사이로 조금씩 한기가 서려 온다. 다시 방 안으로 들어간다. 앞으로 이곳에 머무는 동안, 밖의 세상과는 일체 연락을 하지 않고 지내고 싶다. 여기에 머무는 기간이 단 며칠이라 할지라도 타자와의 관계를 끊고 그 끊어진 공간 속에서 독자적 존재로 홀로 선 나를 맞이하고 싶다.

여섯 시, 저녁 공양을 하고 약 30분간 진행되는 불전사물을 보러 간다. 해인사 대웅전 아래에 있는 법고, 범종, 목어, 운판이 전하는 세상을 깨우는 울림의 소리를 들어 본다. 범종으로 시간을 알리고 법고로 축생을 비롯한 만물을 깨우는 시간, 법고의 웅장함이 사찰 안으로 깊고 은은하게 퍼져 간다. 모여든 사람들의 눈빛에서 뭔가 모를 장엄함과 쓸쓸함이 느껴진다.

불전사물을 보고 저녁 예불을 보러 대웅전으로 향한다. 주지 스님이 들려주시는 《반야심경》 앞에 잠시나마 고민과 걱정을 털어 본다. 스님이 전하는 불경과 목탁 소리는 인간의 뇌와 감각을 깨우는 작용이 있다. 《반야심경》의 한 마디 한 마디를 제대로 이해할 수는 없으나 그 말이 전하는 가락과 울림 속에는 단순한 의미 전달 이상의 효과가 전해진다. 가만가만 스님의 음성과 목탁 소리를 따라가다 보면 내 마음속에 고요한 목련 한 송이 피우는 것 같은 고요의 경지를 맞이하게 된다.

예정된 일과를 마치고 다시 혼자의 공간인 방 안으로 들어간다. 이미 산속은 어둠으로 가득 차 별빛과 달빛 몇 점만 보일 뿐 아무것도 보이지 않는다. 어둠 속에서 시선이 향하는 곳은 별과 달뿐이다.

앞으로 이곳에서 며칠간 긴긴 고독과 함께 나를 찾는 여행을 지속해야만 할 것이다. 물론 이 기간이 나에게 무엇인가 직접적인 깨달음을 주지는 못할 것이다. 다만, 정신없이 달려온 삶 앞에 브레이크를 밟고 지나온 삶을 되돌아볼 수 있다면 그것만으로도 이 시간은 충분한 의미가 있을 것이다.

불을 켜지 않고 방 안의 어둠을 온전하게 맞이한다. 방 안과 방 밖의 경계는 바람의 감촉뿐이다. 삶도 어쩌면 어떤 상황에 처해 있느냐가 중요한 것이 아니라 마음의 빛을 어떻게 밝히고 세상을 어떻게 바라보느냐에 따라 달라질 것이다. 내 마음의 빛에 따라 세상은 밝은 빛이 될 수도 있고 어두운 빛으로 다가올 수도 있다.

밤은 깊어 가나 잠이 오지 않는다. 그러나 이것도 자연의 순리대로 맞이하고 싶다. 내일의 일정이 없으니, 자연의 순리대로 잠이 오지 않으면 오지 않는 대로 이 긴긴 밤을 편안하게 허락하고 싶다.

어둠 속에 있다 보면, 밝음 속에 묻혀 있던 기억들이 새록새록 돋아난다. 잃어버린 줄 알았던 어릴 적 추억들도 생각나고, 한때 삶의 가장 큰 기쁨과 소망을 허락했던 사람들의 표정과 웃음, 이야기 등이 인식의 차원을 넘어 감성의 깊은 내면으로 울림을 전한다.

일상 속에서 무언가에 쫓겨 살다 보면 지나간 관계는 그저 추억으로만 남겨 두려고 하는 경향이 강해진다. 하루하루를 지탱하는 것조차 버겁기 때문이다. 그래서 살아가다 보면 일상에 묻혀 좋은 기억, 행복한 만남, 풋풋한 추억 등은 지난 시간 속으로 빠르게 사라지게 되는 것이다.

해가 떠오른다. 문풍지 사이로 다시 아침 햇살이 밝아 온다. 이제 기록을 멈춘다. 아무것도 하지 않은 채 아무것도 없는 마음으로 남은 시간을 보내고 싶다. 이곳의 의미는 두고두고 일상을 걸어가면서 다른 의미로 피어나게 될 것이다. 너무 많은 것을 찾고 너무 많은 것을 말하려다 보면 진정 아무것도 담을 수 없기에 템플스테이의 나머지 기억은 묵언으로 남겨 둔다.

떠난다는 것은

그 자체가 수행의 길이 된다

일상의 관계를 벗어나

무작정 어딘가로

자신을 내던진다는 것은

자신의 빈 마음과

마주할 수 있는

가장 소중한 선물이

되는 것이다

## 화(禍)를 대하는 태도

모든 분쟁과 싸움의 시작은 화로부터 시작됩니다. 화는 언제나 우리 곁에 끊임없이 요동치는 삶의 물결과도 같습니다. 따라서 이러한 화를 얼마나 잘 보듬고 살아가느냐에 따라 삶의 모습은 달라집니다. 세계적인 영적 지도자 틱낫한 스님은 화를 싸우고 없애야 할 적이 아닌, 잘 보살펴야 할 우는 아기로 여겨야 한다고 말합니다.

누구에게나 화는 잠재의식 속에서 지속적으로 발생하게 됩니다. 사람을 만나고, 성공을 꿈꾸고, 숨을 쉬는 순간순간마다 화는 늘 우리 곁에 있습니다. 누군가는 이러한 화를 묵묵하게 잘 보듬고 나아가지만, 다른 누군가는 이러한 화 때문에 죽음의 문턱으로 가기도 하고 힘들게 이루었던 많은 것들을 한순간에 다 잃기도 합니다.

그러나 화라는 감정의 응어리는 순간적으로 요동쳤다가 곧 사라지는 파도와 같습니다. 요동치는 감정에 따라 행동하면 문제가 발생하기에 시간을 두고 아이를 달래듯 따뜻하게 어루만져야 합니다. 그러면 요동쳤던 화의 응어리도 결국은 다 지나가는 일상의 순간이었음을 깨닫게 됩니다.

순간적인 화 때문에 한 번뿐인 소중한 삶 가운데 극단적인 행동이 없었으면 합니다. 그러한 극단적인 행동은 어쩌면 평생 자신의 삶에 큰 상처와 아픔이 될 수도 있기 때문입니다.


## 변화를 위한 몸짓

개혁은 어느 시대에나 반드시 지속되어야 합니다. 개혁이 없는 시대는 곧 부패되어 썩기 마련입니다. 어떤 사상, 이념, 종교도 정체되어 있으면 다 썩기 마련입니다. 영원히 절대적인 것은 존재하지 않습니다. 따라서 더 좋은 삶을 위해 해야 할 유일한 일은 끊임없이 더 나은 무언가를 향해 의식과 행동을 집중시키는 것입니다.

그런데 많은 사람이 개혁을 원하지 않습니다. 왜냐하면, 개혁에는 희생이 따르기 때문입니다. 무언가를 얻는 쪽도 있겠지만 개혁이라는 변화를 끌어내기 위해서는 권력과 힘의 재편성이 요구되는 까닭입니다. 이러한 상황 속에서 개혁은 개혁이 아니라 막연하게 특정 집단이 특정 이익을 얻기 위한 투쟁이나 싸움으로 전락하게 되는 것입니다.

따라서 개혁이 투쟁이나 싸움이 아니라 모두의 삶을 위한 아름다운 변화의 물결로 받아들여지기 위해서는 더불어 한길을 가고자 하는 의식이 절실하게 필요한 것입니다. 이러한 의식의 변화야말로 모두의 더 나은 행복을 위한 아름다운 몸짓이 될 것입니다.

## 가벼운 삶

"나는 한참을 걷다가 개를 도로 내려놓았다.
가벼운 것도 오래 들고 있으니 무거웠다.
마치 인생이 그런 것처럼."

– 류시화 《하늘 호수로 떠난 여행》 중에서

살아간다는 것은 하나둘씩 인생의 짐을 가슴속에 쌓아 가는 것이라고 합니다. 나이가 들어갈수록 자꾸 힘이 없어지고 푸념만 깊어 가는 것은 바로 이러한 인생의 짐에 자꾸 삶의 무게만 늘어 가기 때문입니다. 나이 들수록 생기를 잃지 않기 위해서는 비우는 자세를 간직해야 합니다.

물건을 치우고, 가구를 정리하고, 옷을 버리는 활동 못지않게 인연의 짐과 마음의 고민, 걱정 등을 버리고 비울 줄 알아야 합니다. 마음이 비어 있으면 비어 있는 만큼 세상은 충만함으로 다가오고 인연은 늘 새롭고 마주하는 환경은 감사함으로 다가오게 됩니다.

비움의 곳간에 자신의 삶을 오롯하게 맡길 줄 알아야 온전한 행복을 누릴 수가 있는 것입니다.


## 운과 공

화엄사 대웅전에서 불공을 드리고 나오시던 할머니께서 말씀하십니다. '운'이란 글자를 180도 뒤집어 보면 '공'이 된다는 것을 이제야 알게 되었다고. 내 인생에 왜 이렇게 운이 없었는지를 생각해 보니 그만큼 인생에 공을 들이지 않았기 때문이라고.

살다 보면 가끔 '왜 이렇게 나만 운이 없는 걸까?'라는 생각을 할 때가 있습니다. 남들은 저렇게 잘 살아가고 모든 일이 순조롭게 잘 풀리는 것 같은데 왜 나만 이렇게 삶이 안 풀리는 걸까 하며 부정적인 생각을 할 때가 있습니다. 그러나 운이라는 것도 할머니의 말씀처럼 결국, 살아온 공에 의해 찾아온다는 것을 알게 된다면 운이라는 잘못된 사슬에 갇혀 소중한 순간을 원망하며 낭비하지는 않을 것입니다.


## 첫 마음

첫 마음이 뭘까 하고 생각해 봅니다. 이 순간 가장 돌아가고 싶은 그 첫 마음이 뭘까 하고 생각해 보니, 남들이 여기저기 투자에 성공해서 많은 돈을 벌었다 해도 전혀 관심 두지 않고 내가 가고자 하는 길을 묵묵하게 걸어가던 그 마음이라고 말하고 싶습니다.

돈이 행복의 수단일 수는 있어도 절대 행복의 목적이 되어서는 안 된다며 가장 중요한 가치는 바로 내 마음과 누군가의 마음속에 피어나는 사람 냄새 그 향기임을 당당하게 외칠 수 있었던 그 마음이라고 말하고 싶습니다. 어느덧 가치보다 돈이 삶을 지배하고 비움보다 채움이 더욱더 삶의 무게가 되어 버린 지금, 문득 그 첫 마음이 그리워집니다.

다시 첫 마음이 뭘까 하고 생각해 봅니다. 일곱 살 된 아이와 열 살 된 아이가 '시'에 대해 이야기합니다. 첫째 아이가 학교에서 동시 작가님의 강의를 열심히 듣고 와서는 "시라는 것은 사물을 자세하게 관찰해야 잘 쓸 수 있는 거래."라고 말하자 둘째 아이가 말합니다. "언니, 그럼 내가 한번 시를 말해 볼게. '요즘엔 주말에 엄마, 아빠랑 여행을 가서 너무 행복하다.' 멋있지?"
그러자 첫째 아이가 말합니다. "야, 그건 시가 아니라 일기야.
그게 뭔 시야." 둘째 아이가 잠시 머뭇거리더니 첫째 아이에게
말합니다. "아니야, 동시는 진실된 마음을 표현하는 것이 가장
중요해."

　뜻 없이 아이들의 대화를 듣고 있다가 둘째 아이의 마지막 말
에 가슴이 와 닿았습니다. 시인이 되겠다고, 사람들의 가슴에
울림을 전해 줄 수 있는 그런 시인이 되겠다고 시를 쓰고자 하
면서도 좋은 시를 쓸 수 없었던 건 바로 제 마음이 진실되지 못
했기 때문이라는 것을. 첫 마음을 잃고 거짓된 마음으로 시 앞
에 섰기 때문이라는 것을.


## 바닥의 합창

　바닥에 떨어져 보면 압니다. 더 쉽게 되돌아올 수 없는 깊은
바닥에 떨어져 본 사람은 압니다. 이 순간 지루하다고 말하는
이 평범한 일상이 얼마나 소중한 것인지를, 곁에 있는 사람들
의 눈빛을 온전하게 마주 볼 수 있다는 그 자체가 얼마나 감사
한 것인지를….

　그런데 더욱더 중요한 것은 당신에게 있던 바닥이 내 바닥이
되기도 하고 내 바닥이 바로 당신의 바닥이 된다는 분명한 사실

입니다. 따라서 바닥에 있다고 함부로 대해서도 안 되며 바닥에 떨어졌다고 너무 절망하거나 좌절할 필요도 없습니다. 바닥에 있는 당신에겐 분명히 또 다른 정상이 기다리고 있기 때문입니다.


## 쇼펜하우어의 몸짓

독일의 철학자 쇼펜하우어는 말합니다.

"고뇌는 디폴트로 주어져 있다. 큰 고뇌가 있으면 작은 고뇌는 바로 사라지지만 반대로 큰 고뇌가 없으면 온갖 사소한 일들이 나타나 마음을 힘들게 한다."

큰 어려움을 겪고 나면 주변에 작고 사소한 일들이 아무렇지 않게 다가옵니다. 그래서 어른들은 끊임없이 젊은이들에게 젊어서 고생은 사서도 하는 것이니 힘들고 어려운 일을 많이 겪어 보라고 합니다. 그래야지만 앞으로 살아가면서 겪게 되는 수많은 아픔과 상처를 맨정신으로 보듬고 살아갈 수 있기 때문입니다.

살아간다는 것은 욕망의 빈정거림과 이성의 무게 사이에서 늘 비틀비틀하다가 잠시 고요함을 주는 것입니다. 누군가는 그 비틀거림 속에 너무 깊게 비틀거려 많은 것을 잃어버려 절망하기도 하고, 또 누군가는 오래도록 쌓아 온 이성의 무게로 욕망

의 빈정거림을 비교적 잘 통제하며 살아가기도 합니다.

이 불균형의 차이는 바로 지금 당신이 겪고 있는 큰 고뇌의 유무가 될 것입니다. 그러니 지금 어디선가 미치도록 힘들고 괴로워하고 있다면 그건 앞으로 다가올 고난에 대해 미리 든든한 보증을 세우는 것으로 생각하길 바랍니다.

## 잘한 일, 못한 일

지금까지 살아오면서 가장 잘한 일이 무엇이었는지를 생각해 보면, 많은 것을 잃고 아파하며 힘들어했지만 분명 옳은 일이었기에 권력 앞에 옳음을 위해 당당하게 저항했던 순간이었습니다.

그리고 지금까지 살아오면서 가장 잘못한 일이 무엇이었는지를 생각해 보면, 잃어버릴 그 무언가가 두려워, 다가올 상처가 두려워, 권력이 두려워서 옳지 않음을 알면서도 옳지 않은 일을 해야만 했던 순간이었습니다.

지금도 그 순간만 생각하면 끝까지 저항하지 못한 게 한없이 아프고 부끄럽게만 다가옵니다.

## 포기 세대

자살률, 낙태율, 청소년 불행지수, 교통사고 사망자 수, 소득 대비 부동산값 지수, 일인당 술 소비량 등 세계적으로 봤을 때 우리나라가 상위권에 있는 것이 참 많습니다. 이 중에 자살률은 십 년 넘게 부동의 1~2위를 내주지 않고 있다니 우리나라가 참 살기 힘든 나라임은 분명해 보입니다.

청년들은 삼포 세대(연애, 결혼, 출산)를 넘어, 사포 세대(연애, 결혼, 출산, 인간관계), 칠포세대(연애, 결혼, 출산, 인간관계, 집, 꿈, 희망), 구포세대(연애, 결혼, 출산, 인간관계, 집, 꿈, 희망, 외모, 건강)로 불리며 자신의 재능과 가치를 찾아가기에 앞서 힘든 취업의 문 앞에서 먼저 포기하고 절망하는 법을 깨닫게 됩니다.

다행스럽게 결혼이라도 한 사람들은 아파트 대출금, 직장 스트레스, 자녀 교육비 등 갖가지 문제로 잠시도 마음의 여유를 찾지 못한 채 늘 무언가에 쫓기며 살아가고 있습니다. 어디 즈음에서 끝날지 모르기에 경쟁의 수레바퀴 속에서 살아남아야 한다는 책무감에 갇혀서 자신의 마음을 늘 경쟁과 성장이라는 그늘 속에 가두며 아파하고 있는 것입니다. 살아남기 위한 그 이름 하나가 어느새 우리 앞에 생존의 이유가 되어 버린 것입니다.


## 가족이란

가족과 피붙이란 무엇인가.
서로에게 향긋한 냄새를 풍겨 주는 것만이 아닌
시큰한 냄새가 나는 김칫국물 자국을
서로에게 남겨 주는 존재가 아닌가.
나는 형의 가슴에 형은 내 가슴에
엎질러진 김칫국물이 아닌가.
어머니는 내게, 나는 어머니에게,
아버지는 내게, 나는 아버지에게,
누나는….

－ 함민복 시인의 〈눈물은 왜 짠가〉에서


가족이란 '김칫국물 자국을 서로에게 남겨 주는 존재'라는 시인의 성찰이 가족의 존재를 더욱더 끌어안도록 해 줍니다. 너무 가까워, 쌓인 아픔마저 허물없이 털어놓다가 그 아픔이 자

신의 잘못인 듯 울며 토닥이다 위로할 수 없는 아픔에 결국 김
칫국물처럼 쉰내 풍기는 향기로 존재의 뒤편에서 쓸쓸하게 머
뭇거리며 서성이는 당신, 그런 당신의 위로와 눈물이 있어 오
늘도 수많은 가족 안에서 꽃이 피고 눈물이 집니다.


## 돈의 함정

자본주의는 화폐를 가진 사람이 상품을 가진 사람보다
우월하고 자유롭도록 보장하는 체제입니다.
그렇지만 이런 자유와 우월도 상품을 구매해서
돈이 수중에서 사라지는 순간
흔적도 없이 사라지게 마련입니다.
왜 그럴까요?
소비를 끝낸 우리에게는
상품만이 덩그러니 남겨지기 때문입니다.
이제 우리는 화폐를 가진 사람이 아니라
상품을 가진 사람이 된 것입니다.

– 강신주의 《철학적 시 읽기의 괴로움》에서


돈은 모든 가치를 평준화시켜 그 앞에 무릎 꿇도록 하는 순간
적이면서 파괴적인 힘을 가지고 있습니다. 그리고 그 힘은 본

질을 파괴하고 성품을 외도하며 행복의 즐거움을 소비의 즉흥
적 쾌락 속에 빠져들게 만들어 모든 정신을 감각 속에 머물도록
하는 함정을 지니고 있습니다. 그러므로 돈의 노예가 되지 않
기 위해서는 돈에 종속당하지 말고 돈을 가치의 품속으로 초대
해야만 합니다. 그리하여 진정으로 돈이 주인이 아니라 사람이
주인이 되어 돈을 수단화시킬 때 비로소 돈의 가치는 제자리를
찾게 될 것입니다.


## 관계


삶의 절반 이상은 관계의 즐거움과 상처, 아픔으로 얼룩져 있
습니다. 그런데 이상하게도 우린 세월이 흐를수록 관계 맺음
속에 즐거움을 얻기보다는 상처와 아픔을 더욱더 많이 쌓아 가
게 됩니다. 이런 이유 때문인지 나이가 들어갈수록 점차 오랜
세월 함께해 온 그 수많은 관계 앞에 단절을 선언하기도 합니
다. 그러다 결국 상처와 아픔을 견디지 못해 그 앞에 다가가지
못하거나 사람이 아닌 꽃, 수석, 애완견, 산, 낚시 등에 깊어진
외로움을 달래곤 합니다.

관계 맺음, 갑자기 아이가 말합니다.
"아빠, 옆집 아이와 놀고 싶어."

빈 마음, 새로운 시작, 관심, 배려.

"아빠, 이 사탕 옆집 아이 줘도 돼?"

"그럼, 네 마음이 주고 싶은 만큼 주렴."

관계 맺음이 어려워질수록 처음 그 마음으로 다시 한번 돌아가 보면 알게 됩니다. 관계 맺음이란 빈 마음속에 내 생각을 집어넣는 것이 아니라, 다른 누군가의 마음을 채워 가는 것임을.

## 미움

살아가면서 정말 어려운 일이 있다면 바로 누군가를 미워해야만 하는 것입니다. 미움의 시작이야 오해로부터 발생할 수도 있고 대화의 문제나 경제적인 갈등 때문에 발생할 수도 있겠지만, 문제는 그 미움의 시작이 곧 관계의 단절로 이어져 오래도록 가슴속 한편에 옹이처럼 간직된다는 것입니다. 이처럼 누군가를 미워하며 증오하는 마음을 간직하는 것은 곧 자신의 마음을 아프게 하며 짓밟는 일이기도 합니다.

그러나 우린 이러한 사실을 알면서도 미워하는 누군가에게 쉽게 마음의 문을 열지 못합니다. 자존심 때문이라면 너무 흔한 변명 같지만 그 자존심 때문에 결국 다가가지 못하고 긴 시간을 상처 속에 보내게 됩니다. 그런데 마음의 방향을 조금만 바꾸면 이러한 미움의 벽도 금세 무너지게 됩니다. 미움은 상대방이 싫어서 생기는 감정의 문제가 아니라, 차이를 받아들이지 못하는 마음 때문에 생기는 것이기 때문입니다.

미워하는 상대방은 당신이 싫어서 당신에게 그런 말을 한 것이 아닌 것처럼, 당신의 마음을 잘 들여다보면 딱히 그 사람을 미워해야 할 이유를 찾기가 어려울 것입니다. 찾다 보면 늘 마지막에 하는 말이 '나와 달라서, 그 사람은 그렇게 생각해서'라는 말로 끝나는 경우를 접하게 됩니다. 그러니 누군가에게 미워하는 마음이 생기려고 한다면 잠시 당신의 마음을 접고 '그건 그 사람 특성이지.' 하고 가볍게 넘겨주시기 바랍니다. 그래야지만 당신 마음도 편하고 관계의 단절도 일어나지 않게 됩니다.

이 세상에 완벽한 사람은 없습니다. 내 기준에서 봤을 때 잘못된 것도 다른 사람의 기준으로 보면 옳은 것일 수 있습니다. 그러니 너무 준엄하게 당신의 기준대로 다른 사람들을 평가하지 않았으면 합니다. 당신이 내린 대부분의 평가는 당신에겐 정답일지 몰라도 주변 사람에겐 오류일 가능성이 매우 높기 때문입니다.

## 스마트폰 공화국

거실에 누워 스마트폰을 하는 엄마가 공부는 안 하고 스마트폰만 하는 아이에게 말합니다.

"제발 그만 좀 하고 책 좀 읽어라."

침대에 누워 스마트폰을 하는 아빠가 거실에 누워 스마트폰만 하는 엄마에게 말합니다.

"스마트폰 좀 그만하고 애들 공부 좀 봐줘."

"당신은?"

텔레비전은 주인 없이 켜져 있고, 어디선가 들려오는 유튜브 영상은 정신없이 '좋아요'를 찾아 허공에 빙빙거립니다.


스마트폰을 내지 않고 몰래 가방 안에 숨겨 둔 학생에게 선생님은 말합니다.

"너 양심이 있긴 하냐?"

스마트폰 하나에 양심까지 왔다 갔다 합니다. 잠시 후, 시험 감독을 들어가는 선생님의 손안에 스마트폰이 삐죽삐죽 꿈틀거립니다.

"김 선생, 시험감독 시에는 그 폰 좀 놓고 가지 그래."

전화하던 교장 선생님이 말합니다.


버스 운전을 하던 기사가 운전대를 놓은 채 한 손으로 문자를 보내며, 또 한 손으로 라디오 볼륨을 조절합니다. 위태롭게 길 잃은 버스가 다른 곳으로 갈까 두려워 스마트폰을 하던 사람들이 광분하여 스마트폰 중인 기사에게 욕을 합니다.

"당신 뭐야. 죽으려고 환장했어?"

그러곤 다시 돌아와 스마트폰을 합니다.

여기를 가도, 저기를 가도, 이것을 해도, 저것을 해도, 스마트폰이 없으면 안 되는 그런 세상이 되어 버렸습니다.

통신 강국, 대-한-민-국. 짝, 짝, 짝.


## 길


아무도 걷지 않은 길을 간다는 것은 매우 외로운 일입니다. 마치, 한밤중에 숲속을 찾아 헤매듯 때론 두렵고 무섭기까지 합니다. 그런데도 그 길을 가는 사람들이 있습니다. 누군가는 신념이라는 확신 때문에, 또 누군가는 대의(大義)라는 명분 때문에 당당하게 그 길을 갑니다. 그런데 아무도 걷지 않는 그 길을 가는 사람들의 뒷모습이 갈수록 더욱더 쓸쓸해져만 갑니다. 그리고 더욱더 외로워져만 갑니다.

오늘도 늦은 밤 뒷골목 선술집에서 들려오는 소리가 밤을 깨우나, 벗은 없고 밝은 별 몇 개만 밤하늘을 비춥니다. 그들이 너무 외롭지 않았으면 좋겠습니다. 그래서 바른길을 말하는 사

람들이 중심이 되어 길을 잃은 우리에게 밝은 희망을 전해 줄
수 있는 그런 세상이 되었으면 좋겠습니다.

## 2장

바닥,

흔들림

# 사랑에 관한 역설

사랑이라는 두 단어만큼

생에 힘을 불어넣어 주고

생의 가치를 되새겨 주는 것은 없다


그러나 그만큼 강력하다는 것은

곧 그만큼 깊은 외로움과 공허함을

가져다준다는 뜻이기도 하다

당신이 곁에 있어도 내 삶은 불안하다. 따스한 당신의 숨결과 온정이 불안한 내 마음과 정신을 어루만져 보려고 하지만, 흔들리는 마음에 늘 평온한 나를 찾는 것은 한없이 어렵고 힘들다. 내 눈빛 속에 희망을 말하는 너의 눈빛만큼 나도 너에게 희망과 사랑을 전해 주고 싶지만, 불안은 온전하게 너를 담지 못한다. 쉼 없이 너의 모든 것을 내 안에 품고 너의 순백의 마음에 내 순백의 마음을 함께 묻고 싶지만, 이러한 소망은 늘 소망에만 그칠 뿐 합일을 이루지 못한다.

다만, 인식의 범위를 미처 제대로 파악하지 못하는 동물을 접하거나 단순한 자연적 현상을 마주할 때면 이러한 성찰의 작업은 비교적 쉽게 이루어진다. 흔들리는 나뭇잎 하나, 불어오는 바람 한 조각, 붉게 물들어 가는 저녁 풍경 등을 바라볼 때면 잠시나마 순백의 마음을 접하여 내 온 마음을 그대로 투영하게 된다. 그 순간만은 불안과 흔들림이 존재하지 않는다. 다만, 고요하고 따스한 긴 침묵이 온 마음을 따스하게 어루만져 준다.

그러나 그런 가치만을 너무 중시하다 보면 결국 외톨박이 인생을 살 수밖에 없다. 따라서 우린 결국 사람 속으로 들어가 사람과 함께 공존하며 나를 찾는 방법을 모색해야만 한다는 당위적 의무감에 휩싸이게 되는 것이다.

사랑한다고 하나가 되는 것은 아니다. 사랑한다고 영혼이 늘 함께하는 것은 아니다. 사랑한다는 것은 다만 하나의 투영된 영혼을 갖고자 하는 소박한 바람일 뿐이다. 사랑에 금이 가는 이유 또한 상대방의 영혼을 내 영혼으로 일체화시키려 하거나 내 마음대로 상대방의 눈빛을 바라보려고 하기 때문이다. 사랑할수록 정신은 더욱더 공허하거나 멀어질 수 있다. 그러나 두려워할 필요는 없다. 이것은 당신과 내가 인간으로서 필연적으로 겪어야 할 숙명이기 때문이다.

사랑 앞에 너무 큰 기대는 하지 말자. 너 아니면 내가 존재할 수 없다는 마음은 그저 욕망이 잠시 붙잡고 싶은 집착일 뿐이다. 실제 존재할 수 없다는 것은 당신의 영혼이 아니라 당신의 습관이 만들어 놓은 삶의 방식일 뿐이다. 사랑한다는 것은 서로가 서로에게 영혼의 일부를 기대는 것이자 삶의 외형적 짐을 일정 부분 나누어 짊어지는 것이다.

따라서 가까운 사람일지라도 내 온 마음을 제대로 내비친다는 것은 쉬운 일이 아니다. 아니, 애써 그럴 필요가 없는지도 모른다. 내 온 마음을 다 내비친다고 해서 그 온 마음이 상대방에게 온전하게 담길 수도 없기 때문이다.

사랑할수록 적절한 거리가 필요하다. 그 거리는 담지 못한 서로의 빈자리를 스스로가 채울 수 있도록 여백을 주는 것이다. 그러한 여백이 없으면 언젠가 그 사랑은 결국 공허함과 쓸쓸함에 묻혀 부서질지도 모른다.

사랑은 결국 나를 온전하게 드러내 줄 수 없다. 사랑함은 책임과 감정으로 얼룩진 관계는 말할 수 있어도 홀로 선 단독자로서의 나를 쉽게 드러내 주지는 못한다. 사랑함에 빠지는 이유는 결국 자아 찾기가 가져다주는 두려움과 외로움을 짊어지고 나아가는 게 버겁고 힘이 들기 때문이다.

사랑의 초반기에 우리를 맞이하는 감정은 강렬하다. 육체와 정신이 요동치는 사랑함은 마치 그 어떤 장애물도 다 헤쳐 나갈 것 같은 열정과 힘을 준다. 그러나 모든 사랑은 다 식게 마련이다. 영원할 수 있는 사랑은 없다. 영원하다는 것은 사랑이 아니라 책임과 헌신을 다하겠다는 마음이지, 처음의 그 마음처럼 늘 영원하게 불타오를 수는 없는 것이다.

사랑이 식어 갈 무렵, 다시 찾아오는 것은 결국 자신의 모습밖에 없다. 그래서 누군가를 사랑하기 위해서는 먼저 자신의 모습을 찾아야만 하는 것이다. 자신의 모습을 찾지 못한 사랑은 쉽게 타올라 쉽게 부서지기 마련이다. 나를 알지 못하는 포용은 참된 포용이 될 수 없다.

나는 그 누구보다 간절하게 사랑을 원한다. 사랑에 대해 그 어떤 부정적 마음을 지니고 싶지도 않다. 다만, 사랑이 전하는 울림 또한 어쩌면 관계적 존재로서 존재가 선물하는 작은 여백에 지나지 않음을 인정해야 한다는 것이다. 그리고 정말 사랑을 소중하게 생각한다면 그 여백의 공간 너머 상대방을 그 자체로 온전하게 담아낼 수 있는 '참된 나'를 찾아야만 하는 것이다.

사랑은 신이 주신 가장 큰 선물이자 가장 큰 고통이다. 세상의 모든 관계는 사랑으로부터 시작해 미움을 낳고, 원망을 쌓아 가면서, 또다시 사랑으로 종결되거나 극단적인 무관심, 그리움, 가혹한 죽음으로 끝나기도 한다.

사랑은 단순하게 관계적 차원에서 이루어지는 두 사람 간의 감정적 교류를 넘어서 욕구, 권력, 부 등 다양한 인간의 문화적 · 사회적 습성과도 연결된다. 사랑하기 때문에 함께하는 것도 맞지만 사회적 · 문화적 습성에 잘 어울리기 때문에 만나고 사랑하게 되는 경우도 많다. 무엇이 맞는지는 각자의 이해관계에 따라 달라진다.

누군가는 감정보다 조건을 먼저 앞세우기도 한다. 이러한 조건이 사랑의 기준이 되는 이상, 사랑에 관한 순백의 논증은 어쩌면 의미가 없어지는 것인지도 모른다. 따라서 자본주의 사회에서 사랑과 결혼이라는 연결고리는 자본과 권력이 만들어 낸 계약적 산물의 허상일지도 모른다. 연봉의 액수, 직업, 아파트 유무 등이 결혼의 객관적 기준으로서 부끄럽지 않은 명백한 사실이 되고 이 사실에 맞춰 누군가에게 좋아하는 감정을 느끼고 그 사람과 만나 결혼을 하고 아이를 낳고 가정의 한 구성원으로 존재한다는 것, 그 속에 이미 사랑은 존재의 참된 공존을 위태롭게 하는 함정을 지니게 되는 것이다.

사랑은 낯선 두 사람이 만난 영혼의 몸부림이자, 현실적 삶에 잘 순응해 나아가기 위한 계약적 감정의 몸부림일지도 모른다.

——— 나를 찾아서, 마음 여행

다만, 이상과 현실이 동시에 공존하는 현실 속에서 보다 어느 것을 좀 더 중시하며 살아가느냐에 따라 사랑이 주는 각자의 의미가 달라질 것이다.

참된 사랑은 참되게 자기를 사랑하는 사람이 있기에 가능한 것이다. 자기를 사랑하지 못하는 사람은 결국 타인도 온전하게 사랑할 수가 없게 된다. 하지만 자기의 가치를 알고 자기의 참모습에 대해 참된 사랑의 가치를 느끼는 사람은 결국 타자에게도 최소한 그러한 사랑의 몸부림을 내비칠 수 있는 것이다.

사랑함을 통해서 우리가 얻을 수 있는 것은 외로운 자아 찾기의 과정 속에서 주어지는 위로와 안식일 것이다. 즉 사랑함 그 자체가 우리가 누구인지에 대해서 말해 주지는 않는다. 다만, 홀로 선 누군가가 다른 한 사람을 가슴에 담고 걸어갈 수 있다는 것은 삶이 전하는 소소한 행복일 뿐이다.

사랑이 결코 삶의 모든 것을 규명해 주지는 않는다. 가끔 우린 사랑이야말로 이 세상의 모든 관계와 인간됨의 본질을 설명해 줄 수 있을 것이라는 믿음을 지니지만, 이성 간의 만남을 통한 사랑은 결국 그 사랑의 끝자리에 도달하게 되며, 그 끝자리에서 마주해야 하는 것은 '자신의 모습'이기 때문이다.

따라서 어느 시인의 말처럼, 참된 사랑은 둘이 만나 하나가 되는 것이 아니라, 홀로 선 두 사람이 만나 각자의 길을 걸어가는 데 동반자가 되는 것이다. 모든 사람에게는 각자만이 걸을 수 있는 삶의 길이 있다. 때때로 연인 간에 헌신적·희생적 사랑을 최고의 가치로 소망하기도 하지만 이러한 사랑은 자아의 외로움을 채우기 위한 몸부림에 머물고 말게 된다. 그리고 사랑하는 두 사람의 삶에 전혀 도움이 되지 않는다. 사랑은 절대 헌신이나 희생이 되어서는 안 되고 서로의 발전을 위한 몸부림이 되어야 하기 때문이다.

일찍이 미국의 정신분석학자이자 사회심리학자인 에리히 프롬은 이러한 사랑의 관계를 직시하면서 보호, 책임, 존중, 지식 등 사랑에 필요한 네 가지 요건을 제시했다. 특히, 프롬은 존중이라는 덕목을 통해서 상대방을 나의 필요로 이용하려는 것은 단순한 욕망과 집착이지 사랑이 아니라는 점을 강하게 언급했다. 즉 있는 그대로의 한 존재를 동반자적 위치에서 늘 관심 있게 지켜보면서 그의 삶이 더욱더 빛나도록 조력자가 되어 주는 것을 참된 사랑이라고 봤다.

이상적 사랑은 때때로 죽음마저 승화시킬 수 있는 힘을 주지만, 현실적 사랑은 결국 다양한 조건, 관계, 환경 등에 제약을 받으며 결국 사랑이 현실이라는 깨달음을 전해 주게 된다. 따라서 이러한 현실적 사랑이 빛나기 위해서는 결국 자기의 참된 모습을 바탕으로 현실적 제약을 이상적 사랑의 마음으로 포용할 수 있는 여백과 포용이 필요한 것이다.

너를 사랑한다는 것이

나를 사랑하지 못해

너에게 향하는 것이라면

그 사랑은

결국 큰 부담과 상처만 안고

부서지게 될 것이다


따라서

사랑이 영원하기를 갈망한다면

너를 향하기 전에

먼저 나를 사랑해야

그 사랑은 오래도록

둘 곁에 함께할 수 있는 것이다

# 지킬 박사와 하이드

두렵고 무서운 것은

지금 생각하고 있는 것이 아니라

생각지도 못한

잡념, 공상, 허상 등이

자기의 의식 속에서

영혼의 일부를

통제하고 있다는 것이다

누구나 일정 부분은

비정상적이고

누구나 일정 부분은

불안하고

힘들다


따라서 무의식이 가져다주는

흔들림,

그 깊은 생의 슬픔이란

어쩌면 당신과 나의

공감을 꽃피우기 위한

신의 아픈 선물일지도 모른다


내 안에 나를 들여다보면 들여다볼수록 선의 본능보다는 악의 본능이 더욱더 강하게 솟구쳐 오르고 있음을 깨닫게 된다. 멋진 말과 화려한 언어로 윤리와 도덕을 말하고 있지만, 말하는 순간순간마다 내 마음속에는 끊임없이 통제할 수 없는 악의 숨결이 꿈틀거리고 있다.

가끔은 십자가의 힘을 빌려서, 또 가끔은 부처님의 가르침을 통해서, 또 가끔은 저 끝머리에서 희미하게 빛나는 양심을 통해서 악의 숨결을 통제하고 조절하지만, 악은 늘 내 안에서 나와 동행하며 손짓한다.

'어서 오라. 내게로.'

악의 길을 가는 것은 선의 길을 가는 것보다 매우 쉽다. 그리고 빠르게 습관화되어 악의 습성에 중독된다. 나쁜 일이라는 것은 처음이 어렵지 한번 하고 나면 그것은 때때로 자기 합리화의 그늘에 묻혀 너무나 쉽게 자행된다.

그런데 더욱더 심각한 것은 악의 그늘에 빠지면 빠질수록 선의 본성이 사라져 악한 행동을 하고도 그것이 악한 것인지조차 알지 못하게 된다는 것이다. 쉽게 말해 뻔뻔해지는 것이다. 다른 사람에게 심한 상처를 주고도 눈물을 흘리기는커녕 더욱더 무시하고 짓밟으며 공감과 동정의 마음을 허락하지 않고 자기의 본능과 욕구만 보게 된다.

그리스 신화에 보면 기게스의 반지에 관한 이야기가 나온다. 만약 당신에게 아무도 볼 수 없게 만드는 반지가 주어진다면 당신은 그 반지를 끼고 선행을 하겠는가? 아니면, 악행을 하겠는가? 아마 많은 사람은 익명성이라는 감투가 주어진다면 악한 행동을 하게 될 것이다. 기게스 또한 반지가 주어진 순간 욕구와 욕망에 불타올라 자신이 사모하던 왕비를 간통하고 칸다울레스왕을 암살하여 왕위를 찬탈하고 리디아의 왕이 된다.

우리가 관계를 맺고 법과 도덕 같은 규범을 만들고 종교적 테두리 안에서 살아가야 함을 강조하는 이유 중의 하나는 이처럼 언제 솟아오를지 모를 악한 욕구와 욕망을 통제하기 위함이다.

악한 행동은 선한 행동보다 더 쉽게 발생한다. 그러나 우린 가끔 주변에서 벌어지는 악한 행동을 접할 때면 너도나도 앞서서 그 사람의 잘못된 행동에 대해 도덕적 군자가 된 것처럼 인정사정없이 비판하게 된다. 물론 악한 행동을 한 자는 비판받아 마땅하다. 그리고 그러한 행동을 비판하는 것은 윤리적·종교적으로도 매우 타당하다.

그러나 그러한 비판을 하기에 앞서 그 행동 앞에 무섭게 비판의 감정을 내던지는 이유가 어쩌면 자신의 내면에 있을지도 모를 악의 본성을 애써 감추고 싶은 무의식적 욕구 때문이라면 상당히 당황스러워질 것이다. 그러나 철학자 한나 아렌트가 지적했듯이 악이란 거창한 것이 아니라 지극히 평범한 우리 곁에 존재한다. 그래서 우린 늘 악이 두렵고 무서운 것이다. 언제 내 안에서 악의 모습이 표출될지 모르기 때문이다.

악은 분노의 모습으로 상대방에게 투영될 수도 있고 계획적으로 나타날 수도 있지만, 대부분 악은 자기도 모르는 사이 무의식적 심층 저변에서 끊임없이 돋아나 의식의 흐름을 방해한다. 우리가 흔히 잡념, 공상, 망상이라고 하는 것은 의식의 변두리에 위치한 무의식의 일종이다.

심리학적으로 이러한 무의식을 통제하는 것은 쉽지가 않다. 때때로 무의식에 의식의 상당 부분을 빼앗길 경우, 현대의학은 정신장애라는 진단을 내리곤 한다. 그러나 대부분의 많은 사람이 종종 의식보다 무의식의 지배를 받으며 살아간다. 그리고 이러한 무의식은 이성의 통제 밖에서 합리성을 잃어버린 채 결핍된 감성으로 응집되어 언제 어떠한 모습으로 폭발할지 모른다.

총을 보면 군인을 생각하고 전쟁 중 정당한 싸움을 생각하는 것이 합리적 이성의 울림이다. 그러나 누군가는 총을 통해 영화 속의 한 장면을 떠올리며 살인이라는 도구를 기억하게 될 것이고, 또 누군가는 자기의 의식과 상관없이 잠재되어 있는 무서운 공포의 한 장면을 떠올리게 될지도 모른다.

만약 이러한 무의식의 물결을 의식 밖으로 잘못 꺼내게 될 경우, 사회적으로 매장될 수 있는 무서운 일이 발생되는 것이다. 이것은 악의 본능을 지녔을지라도 이러한 악의 본능이 의식 밖으로 뛰쳐나오지 못하게 해야 하는 당위적 의무가 존재하는 이유이기도 하다. 프랑스 사상가인 사르트르의 말처럼 자유란 어쩌면 축복이기보다는 저주의 가능성이 먼저 우리 앞에 드리우고 있는 것인지도 모른다.

무의식의 세계는 이성의 바깥에서 형성되기에 지적 능력이 뛰어나다고 해서 잘 조절할 수 있는 것은 아니다. 무의식 속에 존재하는 악의 본능은 잠재된 억압과 통제, 분노와 일탈의 감정, 관계의 뒤틀림 등 복잡한 요인 속에서 자기도 모르게 선과 악의 숨결을 저장하게 되는 곳이다. 따라서 우린 의식의 세계를 이성적으로 단속하는 데에만 너무 긴긴 시간을 소비하지 말고 무의식의 세계에도 관심을 가져야만 한다.

그러나 이러한 무의식을 관리하고 지배한다는 것은 쉬운 일이 아니다. 일단 어떤 무의식의 종자가 우리의 내면에 깊게 각인되어 활동하는지 알 수 없기 때문이다. 프로이트는 이러한 문제에 관심을 갖고 인간의 발달단계를 구강기 - 항문기 - 남근기 - 잠복기 - 생식기의 과정으로 분류하면서 각 단계에서 겪게 되는 쾌락 추구의 불만 및 과다한 만족으로 심리적 측면에서 고착화 현상이 발생한다고 봤다.

이러한 고착화 현상이 한 개인의 무의식 속에 남아 있다가 평생을 통해 자기도 모르는 사이에 의식의 일부를 지배하게 된다는 것이다. 그러나 이러한 프로이트의 논리는 특정 의식과 결핍된 일부의 행동만을 설명해 줄 뿐, 관계를 기반으로 한 인간의 전(全) 의식을 모두 설명하는 데에는 한계점이 있다.

지금 이 글을 쓰는 순간도 내 마음속에는 끊임없이 의식의 거울과 무의식의 숨결이 함께하고 있다. 분명 의식의 거울은 세상을 이성적으로 바라보면서 사랑을 말하고 배려를 외치며 공감을 중시해야 함을 강조하고 있지만, 의식의 끝자리 저 희미하게 돋아나는 무의식의 숨결이 구름 속을 헤집고 다가오듯 끊임없이 판단의 합리성에 검은 그림자를 드리우고 있는 것이다.

갈수록 많은 사람이 불안장애, 강박장애, 공황장애 등에 시

달리고 있다. 직장, 학교, 교회 등 많은 집단 시설 속에서 수많은 사람을 만나면서도 사람들은 늘 적지 않은 불안과 두려움 속에 살고 있다. 누군가와 정신없이 눈빛을 마주 보며 웃다가도 어느 순간 알 수 없는 눈빛에 두려움을 느끼며 상대방과의 심적 거리를 유지하고자 한다.

만나는 사람들은 갈수록 많아지고 대화하는 시간은 늘어만 가는데 이상하게도 공허함과 외로움은 커져만 간다. 서로의 관계와 만남 속에서 이루어지는 합리적 의식의 거리는 좁아지고 있으나, 온전하게 자신의 내면을 투영할 수 있는 무의식의 거리는 갈수록 멀어지고 있는 것이다.

각자도생이라는 현대 사회의 개인주의적 성향은 만남에서조차 합리적 이익 관계에 따른 의식적 만남만을 중요한 수단의 관계로 규정하고 있다. 아무런 이득과 목적 없이 더불어 어울릴 수 있는 무의식적 관계의 상실은 갈수록 증폭되어 나타나는 것이다. 따라서 사람들은 점점 더 외로워지면서 무의식과의 불편한 만남을 지속하게 되는 것이다. 이러한 만남은 결국 정신적 불안으로 나타나게 된다.


사람들은 외로운 사람을 싫어한다. 왜냐하면 외로움이 가져다주는 텅 빈 공허함을 본인도 너무나 잘 알고 있기 때문이다. 그러나 외로움은 절대 감추거나 피해야 할 대상이 아니다. 당신의 외로움이 힘들 듯 우린 모두 외로움 앞에 깊은 공허함을 느끼고 있다. 따라서 외로움을 치유하기 위해서는 참된 너와 내가 진실된 만남으로 외로움의 속내를 자연스럽게 꺼낼 수 있어야만 한다.

그러나 단절된 공동체 속에서 이러한 만남을 찾는다는 것은 쉬운 일이 아니다. 특히 집단 경쟁 심리가 작용하는 직장이나 모임 등에서는 더더욱 어렵고 힘든 일이다. 따라서 사람들은 이러한 심리를 타자에게 강하게 투사하는 경향이 있다. 그 투사는 곧 험담의 형태로 드러나게 된다. 우리는 두 명 이상이 모이면 본인의 이야기가 싫증 날 무렵 타자의 이야기로 향하게 된다. 그런데 참 이상한 일은 타자를 향한 이야기는 끝이 없다. 그리고 그 이야기의 대부분은 칭찬이 아니라 질책과 비난이다.

사람들이 옹기종기 모여 앉아 다른 누군가를 향한 질책과 비난을 즐겁게 나누는 것은 그 속에 거부하고 싶은 본인의 부정적 마음이 담겨 있기 때문이다. 그러면서 사람들은 잠시나마 자신의 내면에 담긴 '조금 괜찮은 자기'를 보게 되면서 심적 안정화를 이루게 된다. 본인들의 이야기를 직접 주고받을 때 느끼지 못했던 마음의 평온함을 타자의 험담 속에서 찾게 되는 것이다.

정신이 부서지는 이유 중의 하나는 진실한 소통의 부재(不在) 때문이다. 하루 24시간, 입과 귀를 통해 주고받는 그 수많은 대화 가운데 마음속 순백의 위로로 다가오는 이야기는 얼마나 될까? 역설적이지만, 타인에 대한 험담으로 공유된 감정이 막힌 가슴을 치유하는 제삼자적 효과로서 기여하고 있다는 것은 부정할 수 없다.

어쩌면 사람들은 답답한 본인의 가슴을 표현하기 위해 타자를 끌어들여 그 답답함을 해소하고자 그토록 타인의 험담에 집중하고 있는지도 모른다. 그러나 이러한 소통은 결과적으로 더 큰 불화와 아픔을 가져다주게 된다. 타인의 험담은 결과적으로 타인에게 더 큰 고통을 가져다주고 관계의 악화를 초래하며 진실된 만남을 어렵게 만들기 때문이다.

따라서 우린 되도록 곁에 있는 누군가를 통해 자기의 내면자아를 비출 수 있도록 서로의 영혼을 부둥켜안고 살아가야만 한다. 그러한 만남을 이루기 위해서는 서로의 마음에 거짓이 없어야만 한다. 아무리 경쟁과 갈등, 억압된 현실이 서로의 눈빛을 투명하게 볼 수 없도록 만들지라도 서로의 마음을 온전하게 안아 줄 수 있는 자세를 지녀야만 한다. 타자의 외로움을 나의 외로움으로 부둥켜안고, 나의 외로움을 타자가 깊이 안아 줄 것이라는 믿음의 관계가 형성되어야만 하는 것이다.

이러한 관계가 형성될 때 우리 내면에 있는 부끄러운 무의식도 자연적으로 누군가를 향해 순화된 모습으로 드러날 수 있다. 무의식은 의식 밖으로 드러나면 드러날수록 의식과의 조율을 통해 이성의 통제를 잘 받게 된다. 그러나 만약 이러한 무의식을 계속 내면에 꼭꼭 가두어 둘 때 무의식은 어느 순간 폭발하게 될지도 모른다. 그 폭발의 현상은 때때로 자기도 감당할 수 없는 깊은 슬픔이 될 수도 있다.

　무의식 또한 의식의 영역만큼 따뜻한 배려와 관심이 필요하다. 우린 모두 이러한 무의식의 고통 속에 휩싸여 내 마음을 어루만져 줄 수 있는 동반자를 찾아 인생의 긴 여행을 지속하고 있는 것이다. 삶의 행복과 불행은 의식의 확장보다는 무의식의 어루만짐 속에서 꽃핀다. 타인을 온전하게 감싸 안아 주면서 토닥토닥 '괜찮아, 괜찮아'라고 말해 줄 수 있는 순백의 영혼이 절실하게 필요한 것이다.

　무의식에 존재하는 어두운 그림자는 내가 선택하거나 판단하거나 자율적으로 행위하여 나타난 어둠이 아니다. 무의식은 내 의지와 상관없이 거부할 수 없는 주변의 환경, 성장 배경, 관계 등 다양한 요인에 의해 수십 년에 걸쳐 의식의 깊은 곳에 쌓여 나타난 결과이다. 따라서 인정하고 싶지 않은 무의식의 그늘 때문에 슬퍼하거나 자신의 자존감을 훼손할 필요는 없는 것이다.

　다만 중요한 것은, 모두 우린 그런 무의식의 아픔을 가지고 이 순간을 함께 살고 있다는 것이다. 나에게 감추고 싶은 무의식이 존재하듯 상대방도 그런 아픔으로 세상을 살고 있다. 따라서 우리가 할 수 있는 유일한 치유책은 서로의 무의식 앞에 깊은 배려와 위로를 전하는 것뿐이다.

내가 외롭듯, 주변의 상대방도 외롭다. 내가 힘들 듯, 주변의 상대방도 힘들다. 이 단순한 사실을 직시한다면 너와 내가 함께해야 한다는 그 본질적 가치의 의미를 비로소 찾게 될 것이다.

　이 글을 쓰고 있는 순간도 끊임없이 악은 내게 말한다.
　'어서 오라. 내게로.'
　아이들의 눈빛과 아내의 눈빛, 부모님의 눈빛이 악을 짓누르며, 다시 이성의 강한 울림을 기다린다.


　눈을 뜨고 하루하루를
　살아가지만
　우린 늘 불안하다
　언제 당신의 마음과
　내 마음이 부닥쳐
　깨어진 말과 행동으로
　표류할지 마음의 길을
　알 수 없기 때문이다


　다만,
　내 행동과
　네 행동의 대부분이

우리가 모두 의식하지 못하는

다른 그 무엇에 의해

규정된다는 사실이

어쩌면

공존의 열쇠가 될 수 있음은


무의식이 전하는

또 다른 희망의 빛일 것이다

# 자본주의, 부, 경쟁

부를 얻는다는 것은

권력을 얻는다는 것이고

소비의 제왕이 된다는 것이다


생산과 소비,

권력의 불균등한 현상


돈과 사회

돈과 욕망

돈과 권력

돈의 우상화 속에서

하루하루

바쁜 발걸음이 지속된다


수많은 사람이 시시각각 바쁘게 움직이고 있다. 지하철에 앉아 오고 가는 사람들의 눈빛, 발걸음, 몸짓 등을 보고 있노라면 당장 어딘가로 무작정 무언가를 쫓아 떠나야만 한다는 당위적 의무감에 휩싸이게 된다. 자본주의 사회의 가치는 속도와 경쟁이다. 빠른 속도를 바탕으로 경쟁에서 빨리 승자가 되는 것이 자본주의 사회에서는 권력이자 미덕이다.

이러한 이유 때문일까? 오늘날 많은 사람이 자신도 모르게 '번아웃 증후군'이라는 심리적 무기력 상태에 빠져들고 있다. 번아웃 증후군이란 뉴욕의 정신분석가 프로이덴버거가 명명한 것으로 소진 증후군, 연소 증후군, 탈진 증후군이라고도 불리는데, 지나치게 일에 몰두하다 심리적·정신적 무기력 상태에 빠져들게 되는 것을 말한다.

우린 늘 성공한 자와 실패한 자, 열심히 산 자와 게으른 자, 열정적인 자와 무기력한 자, 도전하는 자와 패배하는 자 등의 대립적 공식을 적용해 오직 쉼 없이 바쁘고 정신없이 살아가는 것이 최고의 미덕인 것처럼 살아가도록 강요받고 있다.

학교에 들어가자마자 학생들은 늘 수많은 경쟁의 수레바퀴 속에 매몰된다. 시험과 성적, 등수라는 객관적 척도는 이러한 경쟁의 수레바퀴를 쉼 없이 돌리는 기폭제가 된다. 그리고 이러한 시스템은 결국 소수의 승자를 위해 다수의 패배자를 양산한다. 이러한 잘못된 공식은 사회에 나와서도 지속된다. 사회에서 성공의 척도는 부와 권력이다. 많은 부를 쌓고 높은 권력에 오르는 것이 성공의 척도가 된다. 그것도 아주 빠르게 그 자리에 오를수록 많은 사람이 그에게 축배를 드는 이상한 사회 풍토가 형성되는 것이다.

열심히 살고는 있지만 우린 늘 외롭고 공허하다. 다수의 패배자인 우리는 아무리 노력해 봐도 소수가 누리고 있는 승자의 축배를 맛볼 수 없기 때문이다. 이러한 상황에서 느림과 뒤처짐은 죄악이자 부끄러운 삶의 표본으로 전락하고 만다. 오늘도 어디를 가나 사람들은 하나같이 대동단결하여 말한다. '바쁘게 살아야 성공한다.'라고.

자본주의 사회에서 속도는 곧 경쟁과 직결되고, 경쟁의 승자는 부와 권력을 손에 쥐게 된다. 부와 권력은 인간의 내면에 감추어진 욕구와 욕망을 수면 위로 떠오르게 하는 습성이 있다. 그래서 부와 권력을 많이 쥐면 쥘수록 사람들은 조금씩 욕망의 노예가 되어 욕망을 바탕으로 사람들을 평가하고 이용하여 수단화시키려는 잘못된 습성을 품게 되는 것이다.

자본주의 사회에서 돈이 있다는 것은 곧 권력이 있다는 것이다. 그리고 이 돈을 이용해 수많은 사람을 무력화시킬 수 있게 된다. 자본주의 사회에서 돈의 가치를 부정하는 것은 거짓이자 위선인 경우가 많다. 모두가 돈을 위해 움직이고 돈을 모으기 위해 한평생을 바친다. 따라서 자본주의 사회에서 돈은 우상이 자 삶의 목적이라고 볼 수 있다.

자본주의 사회에서 돈은 늘 한정되어 있다. 따라서 돈을 쌓을 수 있는 자는 몇몇의 소수에 불과하다. 대부분의 사람은 자본 의 축적은 꿈도 꾸지 못한 채 생계유지라는 절박한 심정으로 자 본주의 사회의 실패자가 되는 것이다. 그리고 우린 이러한 실 패자가 되지 않기 위해 어려서부터 자본주의가 강요하는 그 무 서운 경쟁과 승리, 빠름과 분주함, 부와 권력 쟁취라는 톱니바 퀴 속에서 살아가게 되는 것이다.

코로나19의 시대적 암울함 속에서도 여전히 사람들의 관심을 끌고 있는 것은 부를 축적하는 방법이다. 서점에 가 베스트셀 러에 진열된 책을 보면 대부분이 자산 축적과 관련된 책이다. 인문학, 사회과학은 아무리 좋은 위치에 진열해 봐도 좀처럼 사람들의 시선을 끌지 못한다. 유튜브를 봐도 인기 있는 영상 대부분은 자본 축적과 관련된 것이고, 사회적으로 인기 있다고 소개되는 책들도 마찬가지이다.

돈에 취해 사는 것은 재미있다. 돈에 취해 돈이 늘어나는 잔 고를 확인할 때면 마치 큰 성장을 이룬 듯 자부심이 생긴다. 부동산, 펀드, 주식 등 금융문맹에서 벗어나 금융에 대해 관심을 갖고 이 세계에 안목을 키우는 것은 미래를 위한 성장의 발걸음이 될 수도 있다.

그러나 이상하게도 자본이 모여드는 곳에 들어가 그 자본을 쟁취하기 위해 싸우다 보면 조금씩 멀어지는 것들이 생기게 마련이다. 돈은 늘어나고 통장 잔고는 쌓여 가는데, 인간적 가치는 조금씩 사라지고 모든 것이 화폐화·도구화·수단화되어 다가오는 것이다.

이스털린의 역설에서 알 수 있듯이 자본이 축적된다고 무한정 행복이 비례하여 증가하지는 않는다. 자본 축적에 따라 행복이 증가하는 데에는 한계점이 존재하는 것이다. 즉, 그 한계점을 넘는 순간 더는 자본과 행복은 비례관계에 있지 않게 된다. 그럼에도 불구하고 사람들은 많은 부가 있어야지만 행복할수 있다는 생각에 오늘도 정신없이 삶의 대부분을 부를 축적하기 위해 살아가고 있는 것이다.

직장 생활 16년, 아직도 나는 자본과의 전쟁 속에서 살고 있다. 열심히 일해도 돈은 늘지 않고 해야 하는 것, 지불해야 하는 것들만 늘어 간다. 자식들은 커 가고 남들은 새 아파트, 새차 등을 구입하여 자기의 가치를 상승시키는데, 여전히 내 모습은 16년 전과 별반 다르지 않다. 그러면서 나도 모르는 사이에 조금씩 삶의 낙오자가 되어 가는 이상한 풍경이 연출된다.

먹고 싶은 음식 잘 먹고, 추운 겨울 따뜻하게 잘 자고, 화려하지는 않지만 나름대로 잘 입고, 잘 살고 있는데 주변의 변화하는 시선에 마음이 자꾸만 흔들리는 것이다. 흔들리지 않으려고, 돈이 중요한 게 아니라고, 수없이 외쳐 보지만 사람들은 '그럼 너는 계속 그렇게 살아.'라고 말한다.

실패자인가? 실패자가 아님을 강조하기 위해 아이들을 붙잡고 '아빠는 돈을 버는 직업이 아니라 사람을 가르치는 직업이라 그래.'라고 말해 보지만, 첫째는 그 말 앞에 빙긋이 웃고, 둘째는 내 모습이 안쓰러운지 '그래, 그래.'라며 맞장구를 쳐 준다.

이제는 조금은 정직하고 싶다. 그리고 또 조금은 자본의 힘 앞에, 경제의 논리 앞에 답답한 가치를 내려놓고 싶다. 어쩌면 자본주의 사회에서 돈의 가치를 부정하는 것은 스스로 실패자가 되기를 자처하는 것일지도 모른다. 어느 금융전문가의 말처럼 금융문맹은 자신을 넘어서 가족의 삶까지 파괴하는 잘못된 가치관이자 습관일지도 모른다. 경제는 알아야만 한다. 부의 노예화로부터 벗어나기 위해서는 반드시 부를 알고 부를 계획화해야만 하는 것이다.

부를 계획화하는 데 있어 많이 버는 것을 계획하는 것도 중요하지만 합리적 소비를 하는 것도 매우 중요하다. 아무리 잘 벌고 많이 축적할지라도 그 돈을 제대로 쓰지 못하면 부는 한순간에 다 사라질 수밖에 없다. 부라는 것은 바람과도 같다. 제대로 붙잡아 가두지 못하면 어느 순간 흔적도 없이 다 사라지고 만다. 따라서 소비의 계획화가 잘 이루어지지 않으면 삶은 빈곤하고 가난할 것이며, 부의 사슬에 얽매여 더 소중한 가치를 잃어버리게 되는 것이다.

돈은 철저하게 중립적 가치를 지닌 대상이다. 이러한 돈에 어떠한 가치를 부여하고 어떻게 대하느냐 하는 것은 철저하게 그 돈을 손에 쥐는 사람의 가치에 따라 달라진다. 돈 자체는 분명 좋은 것이다. 다만, 이러한 돈의 가치를 잘못된 가치관 때문에 부정하게 사용하는 것이 문제인 것이다. 정의로운 부자는 존경의 대상이 된다. 따라서 중요한 것은 돈의 노예화로부터 벗어나 진정한 자유인이 되는 삶을 계획화하는 것이다.

경제적 속박에 구속당하면 그때부터 삶은 더는 자유로울 수 없다. 일상의 삶 자체가 경제의 연속이다. 당장 먹고사는 것조차 제대로 유지할 수 없다면 생존 자체가 위태로워지기 때문에 그 이상의 가치를 꿈꿀 수 없게 된다. 따라서 우린 모두 돈을 모아야만 한다. 그리고 최소한 돈 때문에 자신의 삶과 가치를 잃어버리는 일은 발생하지 않도록 배우고 노력해야만 한다.

이러한 여건이 충족되지 않으면 자아 찾기의 과정 또한 의미가 없게 된다. 생존이 위태로운 상황에서 자기의 삶에 대한 성찰은 가치를 잃게 된다. 빚이 있어 가족과 함께 동반자살을 선택할 수밖에 없는 누군가의 비참한 풍경은 이러한 자본의 힘이 얼마나 무서운지를 절실하게 보여 주는 사례라고 볼 수 있다.

무엇이든지 지나치게 한쪽만을 고집하게 되면 문제가 발생하게 된다. 부에 관심을 갖는 것은 가치를 중시하는 사람들에게는 어울리지 않는 것이라는 잘못된 인식의 그늘이 자꾸만 이중적 인간의 잘못된 자화상을 연출하게 되는 것이다. 대통령, 국회의원, 시인, 교사 모두 돈을 모으고 돈을 추구할 수 있다. 자본주의 사회에서 돈에 관심을 갖지 말라는 것은 어쩌면 아무것도 하지 말고 그저 멍하니 빈 하늘만을 쳐다보라고 말하는 공염불과 같다. 중요한 것은, 어떻게 돈을 모으고, 어떻게 돈을 쓰며, 어떠한 경제관념을 갖느냐 하는 것이다.

　자본주의 사회에서 자본을 추구하는 것은 인간의 자연스러운 현상이다. 이것을 부정하는 것은 곧 삶을 부정하는 것이다. 따라서 자본 축적은 긍정되어야만 하고 존경받아야만 한다. 다만, 중요한 것은 부정한 자본 축적의 과정이다. 이것은 자본 시장 전체의 질서를 파괴하고 사람들이 소중하게 간직해 온 상식의 기본 틀을 허무는 것이기에 단호하고 엄중하게 처벌되어야 마땅하다. 투명하고 깨끗한 사회 속에서 정직하게 일하고 노력하여 많은 부를 축적하는 것은 존경의 대상이지, 비판이나 시기의 대상이 되어서는 안 된다.

　다른 선진국과 다르게 우리 사회의 부자들이 존경받지 못하는 이유 중 하나는 바로 이와 같은 투명한 자본사회 시스템이 갖추어지지 않기 때문이다. 부자가 되었다고 하면, 자신의 본업을 등지고 투기를 했거나 권력형 비리와 연결되어 뭔가 큰 거

하나를 잡았다는 생각이 팽배하기 때문에 사람들이 너도나도 정직한 노력의 대가를 인정하지 못하고 자꾸만 부에 대한 왜곡화 현상이 발생하게 되는 것이다.

　돈은 중요하다. 그러나 정직한 돈은 더욱더 중요하다. 그리고 우린 정직한 돈 앞에 당당하게 존경하는 마음을 표해야만 한다. 그래야만 그 돈은 정직한 사람들의 숨결을 이어받아 더 많은 사람에게 정직하게 사용되는 것이다.

　합리성을 잃어버린 부는 사람의 영혼을 조금씩 갉아먹는 무서운 독성이 있다. 광기의 부는 소비의 노예화, 가치의 빈곤화, 관계의 수단화로 빠져들게 만든다. 부가 더는 생존을 위한 고귀한 수단이 아니라 지배와 권력, 무분별한 소비의 대상으로 전락할 경우 우리의 영혼은 어쩌면 쉽게 회복될 수 없는 나락으로 빠져들게 되는 것이다. 이 때문일까? 자본주의 사회에서 부의 무게도 중요하지만, 부의 가치화는 더욱더 소중하다.

　자본주의와 부, 이 두 관계는 필연적인 동반자 관계에 있다. 자본주의 사회에서 부의 가치를 제로 가치로 만드는 것은 결국 자본주의를 부정하는 것밖에 되지 않는다. 자본주의가 발전하기 위해서는 부의 가치가 끊임없이 활성화되어야만 한다. 다만 이러한 부의 가치가 어떻게 활성화되고, 누구에게 돌아가는지가 매우 중요한 관건이 될 것이다.

　투명하고 공정한 사회일수록 부는 결국 공정한 시스템의 영향을 받아 정직하게 노력한 사람들에게 많이 돌아갈 것이다. 그리고 이러한 정직한 부는 결국 자본주의 사회의 건강한 원동력이 되어 금융, 소비, 경제의 합리적 순환 구조에 긍정적인 영향을 주게 된다.

자본주의 사회 속에서 빛나는 부의 두 얼굴이 오늘도 사람들의 발걸음, 손짓, 눈빛을 매료시키고 있다. 부는 그저 하나의 숫자이지만, 그 숫자가 어떤 빛깔을 지니게 되느냐 하는 것은 그 부를 품에 안은 사람의 모습에 따라 달라질 뿐이다.

돈이 싫다고
돈 없이도 살 수 있다고
돈보다 더 중요한 가치가
있다고 말하는 것은
어쩌면
채워지지 않는 돈으로부터
스스로를 지키기 위한
투사 내지 방어적
몸부림일지도 모른다

돈은 분명 소중하다
그러나 그 돈이
누구에게

어떻게 쓰이고 있느냐는

더더욱 소중하다


따라서 우린

돈을 벌기에 앞서

돈의 방향을 제대로

조정할 수 있도록

마음의 운전대를 바르게

잡아야 하는 것이다

# 한계 상황 앞에서

죽음이라는

완전한 소멸이

소멸이 아니라

완전한 삶이라는

또 다른 삶으로

회귀할 수 있다면

그것처럼

설레고 행복한 일이

지상에 또 있을까?

235호, 병실을 찾는다. 아주 오래전부터 암은 주변의 일상이 되어 버렸다. 암 환자를 곁에서 바라보며 그와 함께 죽음의 순간을 기다린다는 것은 생의 많은 부분을 철저하게 구속시킨다.

사형선고, 살아갈 날의 정해짐, 불안, 두려움, 분노, 포기, 눈물, 마지막 포옹으로 이어지는 짧은 날의 생의 몸부림을 곁에서 지켜보는 일은 쉽지가 않다. 때때로 순간순간은 고통과 절망, 희망 등이 복잡하게 지탱하고 있는 위험한 사다리 같은 분위기를 연출한다.

죽음의 날짜가 정해져 있다는 것만큼 두려운 것은 없다. 무엇을 해도, 어떠한 희망을 가져 봐도 늘 죽음의 날짜가 주는 두려움을 감당하기란 쉽지 않다. 그러나 모든 인간은 언젠가는 반드시 다 죽는다. 죽음은 인간에게 있어서 피할 수 없는 숙명적 질서인 것이다. 그러나 분명 이러한 숙명적 질서의 순환 고리를 인식하고 있음에도 영원한 단절을 의미하는 죽음을 받아들이기란 쉽지 않다.

특히 주변의 누군가가 내 곁에서 영원히 사라져 간다는 사실은 이성적으로는 쉽게 인식할 수 있을지는 몰라도 감성적 · 지각적으로 이러한 단절을 삶의 일부로 받아들이는 것은 매우 어렵다. 습관처럼 내 삶의 일부가 되어 버린 흔적들을 지운다는 것은 그것을 함께해 온 시간만큼이나 오랜 아픔의 시간을 함께해야 하기 때문이다.

시간이 정해진 병실의 숨결은 마치 통하지 않는 바람의 소리처럼 들린다. 뭔가 정화되지 않은 사람들의 가쁜 호흡이 모든 병실을 가득 채우면서 떠나야 하는 고통과 떠나보내지 못하는 아픔이 출렁거린다. 그러다가 순간순간 찾아오는 옆 동지의 사망선고가 있는 날이면 어느새 짧은 생의 순간이 더욱더 짧아진 것처럼 다가오면서 잠을 이루지 못하는 밤이 지속된다.

지나고 보면 삶이라는 것이 한 장의 일기장처럼 순간의 기록이었음을 알게 되지만, 순간순간은 늘 복잡하고 답답한 일상들이 얽히고설켜 좀처럼 삶의 환희와 기쁨을 느끼지 못하도록 만든다. 그래서 우린 늘 짧은 생의 울렁거림 속에서 힘겨운 삶을 지속하게 되는 것이다.

영숙 할머니께서 어젯밤 떠나셨다. 가족 중 누군가는 바쁜 일상에 임종을 지키지 못하고, 또 누군가는 연락이 되지 못해 몇몇의 자식만을 옆에 두고 마지막 눈을 감으셨다. 사람의 감각기관 중에 호흡이 멈추는 마지막까지 기능을 할 수 있는 부분 중의 하나가 청각이라고 한다.

그래서 그런지 가족들은 눈을 감는 마지막 순간까지 할머니의 귀에 대고 마지막 인사를 전했다. 그러자 아무런 감각이 없을 것 같은 감은 눈 곁으로 눈물이 흘러내렸다. 그리고 잠시 후 할머니는 마지막 가쁜 숨을 몰아쉬며 현생에서의 마지막 호흡을 마무리하고는 생을 마감했다.

암 병동의 일상은 삶과 죽음의 수레바퀴 한가운데 있다. 그리고 죽음을 자주 접하다 보면 어느새 죽음도 삶의 일부가 되어 버린다. 마치 봄이 가면 여름이 오는 계절의 변화처럼 삶 앞에 조금씩 죽음이라는 자연적 변화의 과정을 인정하게 되는 것이다. 이러한 이유 때문일까? 암 병동을 오래 지킨 사람일수록 죽음의 순간 앞에 덤덤해지게 된다.

죽음을 옆에서 지켜보는 것은 더없이 힘든 일이지만, 모든 사람에게 죽음은 피할 수 없는 필연적 숙명의 과정이다. 따라서 죽음 앞에 맹목적으로 슬퍼하기에 앞서 죽음을 대하는 자기 나름의 가치관을 가져야만 한다. 만약 이러한 가치관이 제대로 형성되어 있지 않다면, 살아가면서 겪게 되는 수많은 죽음 앞에 막연하게 둥둥거리는 슬픔을 안고 생의 많은 부분을 힘들고 고통스럽게 보낼 수밖에 없다.

석가모니는 죽음이 주는 현실적 고통과 두려움에서 벗어나기 위해 깨달음의 길을 찾아 나섰다. 그리고 결론적으로 그가 깨달은 바는 삶과 죽음이라는 것이 결국은 순간적인 자연의 변화에 불과하며 세상의 모든 것에 어떠한 고정된 실체가 없다는 것이었다.

즉, 삶과 죽음이라는 것 또한 연기의 사슬 속에서 이루어지는 과정의 일부라는 것이다. 따라서 살아가면서 만나고 겪고 소유하는 것들에 대해 집착하고 탐욕을 부리지 말라는 것이다. 어

　　　　　　　　———— 나를 찾아서, 마음 여행

차피 영원히 내 곁에 머물 수 있는 것은 존재하지 않으며 모든 것은 연기의 사슬 속에서 돌고 도는 것이기에 결국은 변화하는 존재, 변화하는 현상밖에 존재하지 않는다는 것이다.

만약 석가모니처럼 이러한 진리를 깨닫고 몸소 실천하며 살아갈 수 있다면 죽음이라는 결말을 비교적 가벼운 마음으로 쉽게 받아들일 수 있게 될 것이다. 그러나 이러한 변화를 깨닫고 실천하는 것은 어려운 일이다. 특히 인식적으로는 가능할지 모르더라도 그 인식을 넘어 실천적 차원에서 깨달음의 삶을 사는 것은 정말 어려운 일이다.

어쩌면 이것은 생이 다하는 그날까지 막연한 소망에 그치고 말 수도 있다. 왜냐하면 인간은 이러한 인식과 상관없이 삶의 대부분을 습관, 관계, 감정 등에 저당 잡혀 살 수밖에 없기 때문이다.


그러면 그리스도교에서 말하는 것처럼 영혼의 세상, 천당이라는 곳에 의지해 볼까? 만약 어느 날 갑자기 신이 나타나 인간들을 향해 너희들이 궁금한 것 한 가지에 대해 답변을 해 주겠다고 하면 그 질문은 아마도 '죽음 이후의 세상이 정말 존재하는가?'가 될 것이다.

신앙심으로 보이지 않는 존재와 세계에 다가간다는 것은 일정한 제약이 있다. 무엇보다 감각은 인식의 근원으로서 정립되기에, 보이지 않는 관념의 질서와 세계를 무조건 확신하라는 것은 어쩌면 주관적 신념의 강요일지도 모른다.

신에 대한 믿음이 잘 형성되어 있어 신의 존재와 죽음 이후의 세계를 확신하게 된다면 죽음은 어쩌면 플라톤의 말처럼 육체의 탈을 벗어 던지고 저 멀리 이데아로 회귀하는 멋진 선물이 될지도 모른다. 그러나 신앙이 잘 형성되어 있지 않은 사람에게 죽음은 그저 영원한 소멸일 뿐이다.


신이 그립지만 신을 믿을 수 없는 답답함이 더욱더 죽음을 두렵고 삶을 공허하게 만든다. 프랑스의 수학자이자 철학자인파스칼은 '도박사 논증'을 통해 신의 존재를 알 수 없는 상황에서 합리적 선택은 신이 존재한다는 것에 내기를 걸고 교리에 맞게 사는 것이라고 봤다.

즉, 정말 죽어 보니 신이 없다면 신이 없다고 산 경우와 신이 있다고 산 경우 모두 평등하지만, 만약 신이 사후세계에 존재하게 된다면 신이 있다는 것에 내기를 건 사람은 천당이라는 영원한 행복에 다다를 수 있기 때문이다. 그러나 이러한 파스칼의 논증 또한 단순하게 자신의 이론을 합리화한 것에 지나지 않는다. 우린 이러한 합리성보다 감각적 경험을 통해 신의 존재를 알고 싶어 한다.


중세 교부철학자 아우구스티누스는 '믿어라, 그러면 알게 될 것이다.'라는 말을 통해서 신의 존재를 확증하지 못하는 것은 신앙의 결핍 때문이라고 주장했다. 그리고 참된 신앙을 갖게 된다면 어느 순간 삶의 한가운데서 신의 존재를 만나게 될 것이라고 봤다.

실존적 삶의 극한 상황에 머물다 보면 가끔 영혼의 음성이 들린다. 죽을 만큼 힘들고 어려운 일이 지속되다 어느 날 창밖에 비치는 빨간 십자가 앞에 나도 모르게 눈물이 흘러내릴 때가 있다. 이 순간을 신과의 만남이라도 해야 할지, 아니면 무한한 존재에 대한 단순한 염원 내지 소망이라고 말해야 할지는 모르겠다.

다만, 중요한 것은 인간이라는 존재는 불완전하고 유약한 존재라는 것이다. 따라서 우린 늘 완전한 그 무엇인가를 동경하고, 그 안에서 힘을 얻고자 하는 것이다. 아우구스티누스는 이것을 믿음의 영역이라고 봤다.

교부철학의 뒤를 이어 스콜라철학을 체계화한 토마스 아퀴나스는 아우구스티누스 철학이 지닌 한계점을 극복하고 신앙과 이성은 신의 두 모습으로 이 둘 간의 조화를 통해 신의 존재를 알 수 있다고 봤다. 그러면서 아퀴나스는 신앙 너머의 궁금증을 해결해 주기 위해 신의 존재를 이성적으로 증명하는 방법까지 제시했다.

그러나 아퀴나스가 신의 존재 원리로 제시했던 논증의 방법은 그저 단순한 합리화의 차원에 머물고 만다. 예를 들어 이 세상에 무언가가 존재하고 그것이 일정한 질서를 향해 움직인다는 것은, 부동의 동자로서 최초의 존재가 있어야 한다는 것이다. 그리고 이러한 최초의 존재가 신이라는 것이다.

그러나 이러한 논증 방법은 동양의 사상에도 존재한다. 대표적인 학설이 바로 성리학이다. 성리학은 이기론(理氣論)이라는 구조를 바탕으로 이 세상의 모든 이치를 설명했다. 즉 천리로서의 이치·섭리가 존재하는 모든 인간과 사물에 들어가 있고 그 이치에 따라 본연의 성품을 지니게 되었다는 것이다.

그리고 도가사상에서는 '도(道)'라는 자연의 원리·섭리를 토대로 이 세상의 모든 존재와 움직임에 대해서 설명한다. 차이가 있다면 아퀴나스는 그 최초의 존재를 절대적인 인격신으로 본 것이고 동양의 사상에서는 이러한 존재를 천리, 도(道)와 같은 표현으로 제시했다는 점이다.


수천 년을 통해 동·서양의 수많은 학자는 그들이 가진 인지적·직관적 능력을 총동원해 이 세상의 근원과 존재의 원리 및 내세에 대해 알고자 했으며 이러한 궁금증은 지금도 여전히 유효하게 진행 중이다. 그러나 철학, 과학, 수학 모든 영역을 통틀어 객관화된 진리와 답변은 존재하지 않는다. 아니, 어쩌면 존재할 수 없을지도 모른다. 불완전한 인간의 능력으로 완전한 세계의 모습을 알려고 한다는 것 자체가 처음부터 모순이기 때문이다.

그나마 과학이라는 객관적 학문을 토대로 진리의 영역에 접근해 보려고 하지만, 과학이라는 영역 자체가 밝혀냈고, 밝힐 수 있는 범위 또한 극히 제한적이다. 아무리 과학이 발전할지라도 과학이 해명할 수 있는 영역은 우주의 작은 부분에 지나지 않는다. 공간적 범위로 봤을 때 우주의 끝은 수의 영역을 벗어나 있다.

예를 들어 우리 은하계의 거리가 10만 광년이라고 하는데, 이 거리는 빛의 속도로 10만 년 동안 가야 도달할 수 있는 거리이다. 그리고 이러한 은하계가 또 우주 공간에 수십억 개가 존재한다고 하니, 우주의 신비를 알려고 하는 인간의 노력이 얼마나 공허한지를 알 수 있다.

또한, 신경과학과 뇌 과학 등이 아무리 발전하고 인간의 모든 유전자에 대한 정보를 가지게 된다고 할지라도 유기적 시스템으로 이루어진 인간의 생명체를 하나하나 조작하고 분석한다는 것은 이득에 앞서서 더 많은 혼란과 갈등을 초래하게 될 것이다.


과학은 다만 편리한 생활을 위한 작은 수단에 불과하다. 과학이 인간과 우주의 모든 비밀을 결코 완벽하게 다 말해 줄 수는 없다. 따라서 우리는 여전히 궁금하고, 여전히 보이지 않는 저세상의 비밀이 궁금한 것이다.

이러한 무궁한 진리를 설명할 수 있는 최고의 존재는 절대적

인격신밖에 없다. 그러나 이것 또한 신앙의 영역에서만 가능하다는 한계점을 지니고 있다. 이러한 한계점을 알면서도 지금까지 인류가 찾아낸 것 중에 신앙만큼 보이지 않는 존재와 영혼의 세계에 대해 답변을 제시해 주는 것은 없다. 이러한 이유 때문일까? 종교는 어쩌면 인간이 인류에 존속하는 한 절대 사라지지 않을 것이다.

만일 종교가 사라지게 된다면 그것은 지구상에서 인간이 소멸한 직후가 될 것이다. 왜냐하면 모든 인간은 태어남과 동시에 죽음이라는 절대적 소멸을 항상 몸에 지닌 채 살아가야 하고, 이러한 소멸은 이성적 존재에게 더없이 견딜 수 없는 고통으로 찾아오기 때문이다. 이러한 고통은 결국 인간 이상의 존재만이 답을 전해 줄 수 있다.

죽음만큼 두렵고 무서운 것은 없다. 그러나 역설적이지만 이러한 죽음이 있어 어쩌면 유한한 생이 더욱더 빛나고 있는 것인지도 모른다. 무한한 생이 존재하게 된다면 그것은 유한한 삶보다 어쩌면 더 큰 비극이 인간 앞에 도사리게 될 수도 있기 때문이다. 다만, 우리가 할 수 있는 유일한 길은 유한성이 담보된 생(生)의 문턱 앞에서 어떻게 하면 한 번뿐인 삶을 가치 있고 의미 있게 사느냐 하는 문제일 것이다.

죽음은 두렵지만, 그 죽음에 대한 성찰과 간접적 경험은 어쩌면 삶의 의미를 되새기고, 보다 의미 있는 삶을 향한 촉매제가 될 수도 있다. 정재영 작가는《삶의 끝에서 비로소 깨닫게 되는 것들》이라는 책에서 다음과 같이 말한다.

"그런데 이상한 일이 있다. 인간은 최후의 순간에 최선의 존재가 된다. 죽음을 마주한 사람은 돌연 성장한다. 지금껏 자신이 상상하지 못했던 만큼 갑자기 현명해지고 용감해진다. 최대치로 따뜻하고 부드러워지는 것도 삶의 끝에서다."

이러한 한계상황에 대한 인식이 늘 함께한다면 분명 우리는 그 누구보다도 순간순간의 삶에 최선을 다하면서 의미 있는 삶을 살아가게 될 것이다.


아무리 그 모든 것을 다 이룬다 해도
죽음은 한순간에 이 모든 것들을
다 사라지게 만들 수도 있다
그만큼 죽음은 두렵고 무서운 대상이다

따라서 실존의 고통을 치유하기 위해서
반드시 우리는 죽음이 전하는
또 다른 의미 앞에
가치를 찾아 떠나는 노력을
지속해야만 할 것이다

## 구시화문(口是禍門)

'입은 화의 근원이다.'

살아가면서 겪게 되는 화의 대부분은 입으로부터 시작됩니다. 입이 자주 열릴수록 실수를 많이 하게 되고 동지보다 더 많은 적을 만들게 됩니다. 노자의 《도덕경》에 보면 '지자불언(知者不言), 언자부지(言者不知)'라는 말이 나옵니다. '진실로 아는 자는 말이 없고, 말하는 자는 진실로 알지 못한다.'라는 뜻입니다.

가벼운 사람일수록 말이 많습니다. 실천하지 못하는 사람일수록 더 많은 말만 하게 됩니다. 자신을 되돌아보지 못하는 사람일수록 다른 사람의 말을 많이 하며 불평불만이 많습니다. 말은 자신의 정당성을 입증하기 위한 가장 편한 수단이지만, 그 속에는 늘 무서운 함정이 있음을 알아야 합니다.

말에 길든 사람은 말에 취해 계속해서 행동과 반성 없는 말만 하게 되고, 사람들은 결국 그의 말을 믿지 않게 됩니다. 말은 행동보다 더 무거워야 합니다. 한마디의 말을 전하기 위해서는 더 많은 행동을 한 후에 말을 해야지만 사람들은 그 말 앞에 신뢰감을 느끼게 되는 것입니다.

말이 복이 되기 위해서는 말보다 먼저 침묵의 가치를 깨달아야 하며 행동의 소중함을 보여 주어야만 합니다. 그때야 비로소 당신의 입속에서 흘러나온 말들이 당신의 가치만큼 참된 가치를 지니게 되는 것입니다.


## 국운(國運)


인도의 민족운동 지도자 간디는 국가가 멸망할 때 나타나는 징조에 대해서 다음과 같이 말합니다.

"원칙 없는 정치, 노동 없는 부, 양심 없는 쾌락, 인격 없는 교육, 도덕 없는 경제, 인간성 없는 과학, 희생 없는 신앙"

지금 우리는 이 일곱 가지 중에서 몇 가지의 위태로움 속에 빠져 있을까 생각해 봅니다. 정치에 원칙이 없어진 지는 이미 오래되었고, 쾌락에 양심이라는 도덕적 잣대를 드리우는 사람은 찾기가 어렵고, 교육은 인격을 잃고 오직 경쟁으로만 흘러가고 있고, 경제는 물질적인 야욕만 챙기기에 급급하고, 과학은 기술지상주의에만 빠져 인간이 과학 앞에 종속될 날이 가까워지고 있고, 신앙은 오직 교인을 늘리는 데에만 급급해하고 있으니 우리의 국운은 이미 기울어져 간 것인지 두렵습니다.

청년 실업은 늘어만 가고, 각종 묻지마 범죄는 매일같이 대중

매체의 시작을 알리고, 노인들은 외로워 세상을 떠나고, 자살률은 부동의 1위를 내주지 않고, 정치는 국민을 생각하기보다 의석수 확보에만 연연하고, 학생들은 영혼 없이 책상에만 앉아 분노를 키워 가고, 3포·7포·9포를 택할 수밖에 없는 영혼들은 밤마다 술에 취하고, 마지막 외침의 소리만 새벽녘 둥둥 빈 거리를 깨우고 있으니 위대한 영혼 간디가 이곳에 있으면 뭐라고 할까 궁금해지는 시간입니다.


## 완벽함의 고통


세상에 완벽한 사람은 없습니다. 당신이 그토록 존경하던 사람에게도 결점은 다 있습니다. 그러니 실수했다고, 양심에 부끄러운 행동을 저질렀다고, 너무 힘겨워하지는 마십시오. 중요한 건 그 일을 받아들이는 당신의 마음에 있습니다.

이미 엎질러진 물은 그 누구도 어찌할 수 없습니다. 그러니 그저 그 사건을 묵묵하게 받아들이십시오. 그리고 다음을 기약하십시오. 정말 그것이 본인의 양심에 어긋나는 잘못된 행동이었다면 다음에 그와 같은 잘못을 하지 않기 위해 올곧은 길을 가면 되는 것입니다.

실수는 누구나 다 할 수 있습니다. 그리고 완벽하다는 것은 실수가 없다는 것이 아니라 실수 뒤에 찾아오는 마음의 자세를 바르게 하는 것입니다. 한순간의 잘못 때문에 너무 힘들어하지 마십시오. 우리는 모두 기계가 아닌 이상 실수할 수밖에 없으며 당신 곁에 누군가가 함께하고 있음은 바로 그 실수를 어루만져 주기 위함입니다.

그러니 오늘 실수한 당신, 힘을 내십시오. 나도 당신처럼, 당신도 나처럼 우린 실수하며 이해하고 용서하며 살아가는 동지입니다.


## 절망과 희망

절망을 대하는 방법에는 크게 두 가지가 있습니다. 하나는 '누구 탓'을 하는 것이며, 또 하나는 '자신을 되돌아보는 것'입니다.

'탓'을 잘하는 사람은 일반적으로 자신의 모습은 제대로 보지 못합니다. 그러기에 늘 타인을 향한 시선만 발달되어 있습니다. 그의 입속에는 늘 '너 때문에'라는 말이 습관처럼 흘러나옵니다. 이런 사람에게 절망은 말 그대로 절망이 되어 버리는 것입니다.

반면에 '자신을 되돌아보는 것'을 잘하는 사람은 늘 절망 앞에 희망을 먼저 보면서 자신의 삶을 더욱 빛내기 위해서 노력합니다. 이런 사람에게 절망은 절망이 아니라 희망을 위한 또 다른 빛이 됩니다.

# 유항산(有恒産), 유항심(有恒心)

맹자는 말합니다. 임금이 나라를 다스리는 데 있어서 가장 중요한 것은 백성들에게 일정한 생업을 보장해 주는 것이라고. 백성들이 먹고살 생업이 보장되지 않으면 백성들은 도덕적인 마음을 가질 수가 없기에 부정을 저지르게 되는 것이고, 그것은 백성의 책임이기에 앞서 임금의 책임이라고.

오늘 아침 씁쓸한 기사 하나를 접했습니다. 공무원 시험에 응시한 젊은 청년이 인사혁신처 시험 담당자 컴퓨터에 접속해 시험 성적을 조작하고 합격자 명단에 본인의 이름을 넣었다는 내용입니다. 기사를 접한 사람들은 대부분 청년을 비판하기 시작했습니다. 공무원이 되겠다는 사람의 자격을 논하면서 말입니다.

그러나 어딘지 모르게 자꾸만 그 청년이 안쓰럽게만 보입니다. 공무원 시험의 경쟁률은 사상 최고치를 경신하고 있고, 아무리 열심히 해 봐도 반듯한 일자리 하나 구하기가 힘듭니다. 대학까지 졸업했으면 사회로 나가 본인의 능력을 마음껏 발휘하며 멋지게 살아야 하는데, 이 나라의 현실은 좀처럼 그런 젊은이의 도전과 열정을 쉽게 허락해 주지 않고 있습니다.

오늘도 대학을 졸업한 수많은 청년이 일자리를 구하지 못한 채 도서관에서 긴 밤을 지새우고 있습니다. 대학도서관은 학문을 쌓기 위한 곳이 아니라 마치 생존의 장에서 살아남기 위한 전쟁터가 되어 가고 있습니다.

'유항산(有恒産), 유항심(有恒心)'

부디 어진 임금이 나타나서 우리 젊은 청년들이 꿈을 가지고 당당하게 살 수 있도록 멋진 직업을 선물해 주셨으면 좋겠습니다.


## 대동(大同)

조광조에 따르면 소인들은 군자를 가장 무서워하는데
이는 군자들이 비(非)와 사(邪)를 버리고
시(是)와 정(正)을 취하기 때문이다.
따라서 그들은 어떻게든 군자를 제거하려고 애쓴다.

그 대표적인 것이 부수지소(膚受之愬)와 침윤지참(浸潤之譖)이다.
즉 피부를 에이듯이 흐느끼는 통절한 호소나 물이 스며들 듯이
서서히 그리고 깊이 믿도록 하는 참언(讒言)을 통해서
국왕에게 군자들을 미워하게 하고
제거하도록 만드는 것이다.

– 박현모 여주대 세종리더십연구소장의
〈한국형 리더십을 찾아서 : 정암 조광조〉에서

옳은 길을 걷는 것은 늘 외롭습니다. 그를 제거하려는 붕당은 늘 곁에 있고, 벗이 있어도 친해지기가 어려워 늘 외로운 '정(正)'과 함께 동거해야만 합니다. 이런 이유 때문인지, 사람은 '정(正)'을 말하기에 앞서 '동(同)'을 말하곤 합니다. 그런데 그 '동(同)'은 늘 또 다른 '동(同)'을 만들게 되고 결국, 차별과 다툼만이 번잡한 '붕당'으로 갈라서게 되는 것입니다. 이것은 결국 '정(正)'이 바로 서지 못한 채 '동(同)'을 만들고자 했기 때문입니다.

'정(正)'은 늘 가시와 같습니다. 아무리 어진 사람이라 할지라도 밑에 있는 사람이 '정(正)'을 말할 때면 '너나 잘해라'라는 식으로 외면해 버립니다. 사람들은 쉬운 길을 좋아합니다. 그리고 달콤한 길을 좋아합니다. 어려운 길을 몸소 가고자 하는 사람은 없습니다. 그 길은 마치 가시밭길처럼 험하고 고단하기 때문입니다.

그러나 변화와 개혁은 '정(正)'이 없이는 절대 일어날 수 없는

법입니다. 그리고 '정(正)'에 대해서 사람들이 공감하고 수긍할 수 있을 때 그것이 비로소 참다운 '대동(大同)'이 되는 것입니다. 모두가 행복하게 잘 살 수 있는 참세상이 되는 것입니다.


## 굽은 나무


정호승 시인의 〈나무에 대하여〉라는 시를 읽다 보니 문구 하나가 가슴에 와 닿습니다.

나는 곧은 나무보다
굽은 나무가 더 아름답다
(중략)
함박눈은 곧은 나무보다
굽은 나무에 더 많이 쌓인다


인간이라면 누구나 지닐 수밖에 없는 상처에 대하여 그 누구보다 섬세하고 따뜻한 손길로 어루만져 주는 시인의 눈빛이 가슴에 와 닿는 시입니다. 살아가는 길은 절대 곧은길만 펼쳐질 수가 없습니다. 어쩌면 곧은길은 잠시 굽은 길이 허락해 주는 쉼의 시간일지도 모릅니다. 그만큼 우리가 살아가는 순간순간은 선택과 갈등의 연속이고 굽은 길의 연장선 위에 있습니다.

그런데 우린 굽은 길이 전하려 하는 삶의 속내를 깨닫지 못하고 쉽게 좌절하고 절망해 버립니다.

굽은 길은 바로 자신의 삶을 더 아름다운 곳으로 인도하려는 영혼의 숨결일 수도 있습니다. 굽은 나무일수록 높은 곳을 향하는 데 오랜 시간이 걸리지만 그만큼 낮은 삶들을 자주 바라볼 수 있고 주변의 풍경을 감싸 안을 수 있습니다. 그러니 바닥으로 떨어질수록 너무 힘들어하지 말았으면 좋겠습니다.


## 인(仁)과 법(法)


학생들을 가르칠 때면 늘 인과 법 사이에서 많은 갈등을 겪게 됩니다. 잘못한 아이가 있을 때 마지막까지 사랑으로 이해하고 지켜봐 주는 인(仁)의 가르침이 바른 것인지, 아니면 단호하게 잘못한 점을 지적하여 그에 합당한 처벌을 내리는 법(法)이 올바른 것인지가 궁금해집니다.

오늘도 한 학생이 힘이 약한 친구를 괴롭히고 때려서 학부모님이 찾아오는 일이 발생해 학생의 사안 처리를 놓고 회의가 열렸습니다. 선생님들 사이에서도 교육적 차원에서 관대하게 처벌을 해야 한다는 의견과 마음은 아프지만 재발을 막기 위해서는 단호한 처벌이 필요하다는 의견 속에서 결국, 단호한 처벌 쪽으로 결론을 내렸습니다. 얼마 후면 그 학생은 이제 학교를 떠나야만 합니다.

피해 학생도 상처를 안고 살아가야 하지만 가해 학생도 적지 않은 아픔을 간직한 채 살아가야 할 것입니다. 처벌은 내려졌으나 그 선택이 과연 모두를 위한 길이었는지 다시 한번 묻게 됩니다. 학교라는 곳은 분명 강력한 법적 처벌을 요구하며 선을 긋는 곳이 아니라, 잘못된 행동을 사랑으로 품으며 올바른 길을 걸어갈 수 있도록 인도하는 곳인데 말입니다.

## 마음으로 걷는 길

"당신 시는 좀 쉽잖아요."라고 어제 누군가 말했다.
나 또한 깊이깊이 기쁘게 수긍하여 주었다.
대개, 머리로 해석하는 세상은 좀 어렵다.
그러나 가슴으로 느끼는 세상은 좀 쉽다.
어려운 시는 머리 아픈 당신들이 쓰고 쉬운 시는

가슴 아픈 내가 쓰면 된다.

– 류근 작가의 《사랑이 다시 내게 말을 거네》에서

좀 쓰는 사람들은, 좀 배운 사람들은, 좀 있는 사람들은 대중성을 의심합니다. 그리고 자본주의 사회에서 경제력이란 단순하게 화폐 가치로만 끝나는 것이 아니라 문학, 가치, 예술 등 모든 분야에까지 침투하여 사람들의 영혼을 빈자와 부자로 구분하여 판단합니다.

대중성이란 저급한 것이기 전에 삶의 가장 본질적인 부분을 함께하는 것입니다. 다만, 자본주의의 잘못된 구조가 이러한 대중성을 상업적 그늘 속에 노예화한 것입니다. 배운 사람, 잘난 사람, 있는 사람들만이 누리는 문화는 그저 그들만의 상품이요, 기득권을 유지하기 위한 몸부림에 지나지 않습니다. 많은 사람으로부터 가슴 깊이 뜨거운 사랑을 받는 그런 시 한 편이야말로 어쩌면 문학이, 예술이 가고자 하는 가장 뜨거운 길일지도 모릅니다.


## 실패

어느 유명한 분의 강의를 듣다가 참 인상 깊은 구절이 하나 있어 적어 봅니다.

"Impossible(불가능)을 I'm possible(가능)로 만드는 '쉼표'는 바로 실패이다."

처음에 모든 것은 '불가능'으로부터 시작됩니다. 그 불가능을 가능으로 만드는 것은 포기하지 않는 집념, 계속된 노력, 수천 번의 실패입니다. 그러니 실패했다고 너무나 좌절하지 마십시오. 그 실패는 바로 성공으로 가기 위한 '쉼의 순간'이기 때문입니다.


## 밥 짓는 일

어느 날 아내가 말합니다.

"오빠, 미안해. 요즘은 다 맞벌이하는데 난 집에만 있고, 경제적으로 별 도움이 못 돼서."

"무슨 소리를, 내가 밖에 나가 일을 하는 만큼 집에서 당신이 하는 이 일이 얼마나 소중한데."

"소중하면 뭐해, 생활에 도움이 안 되는데."

자본주의 사회에서 가치란 부와 직결될 때 상승작용을 일으키게 됩니다. 부와 직결되지 않는 마음, 그 소중한 사랑, 봉사, 배려 등의 가치는 좀처럼 빛을 발하지 못합니다. 이런 이유 때문인지 사람들은 자본주의의 함정에 빠지면 빠질수록 원자화·이기주의화·상품화되어 가는 것입니다. 그리고 그 끝엔 이해

득실, 계산, 수치, 소외, 공포, 두려움, 쾌락의 역설만이 남게 됩니다. 그래서 전 자본주의가 두렵습니다. 돈의 권력이 인간의 희망을 짓밟는 그 습성이 너무나 두렵습니다.

아내에게 말하고 싶습니다. 늦은 밤 술에 취해 돌아오는 나를 위해 거실 한편에서 베개도 없이 졸고 있는 그 마음, 새벽녘 졸린 눈을 비비며 출근 시간에 맞춰 정신없이 밥상을 차려 주는 그 마음, 직장 생활에 지쳐 힘없는 마음으로 문을 열 때 소리 없이 가방을 묵묵히 받아 주던 그 마음, 세상 사람들이 다 뭐라 해도 나만은 오빠를 가장 잘 알고 이해해 줄 수 있다던 그 마음, 그 마음이면 됐다고, 돈은 내가 벌어 올 테니 그 마음이면 충분히 행복하다고.


## 내가 걷는 길

밥장(작가, 일러스트레이터) 님은 말합니다. 이 길이 진정 내가 원하는 길인지, 아닌지를 확인할 수 있는 것은 지금 내가 이 길을 걸어가면서 누군가와 비교를 하고 있는지 하지 않는지를 생각해 보면 알 수 있다고.

진정 자신이 걷고 있는 그 길이 본인이 가고자 하는 길이었다면 절대 남과 비교하며 스트레스를 받거나 아파하지 않을 것입니다. 그는 누가 뭐라 해도 지금 본인이 걷고 있는 길에 가장 큰 행복과 보람을 느끼며 살고 있을 것입니다. 왜냐하면, 그 길은 바로 본인이 선택한 본인만이 걸을 수 있는 가장 소중한 자신의 길이기 때문입니다.

그런데 만약 조금이라도 남의 길에 시선이 간다면 그리하여 자꾸 그 길에 뿌려져 있는 화려한 빛깔이 탐난다면 당신은 지금 잘못된 길을 걷고 있거나 아직 자신의 길을 찾지 못한 상태에 있는 것입니다.


## 단순함의 포옹

나는 여전히 단순해지려고 애씁니다.
나는 분명 아직 덜된 사람이니까.
단순해지면 허무도 그만큼 작아지리라 희망해 보는 것이지요.
단순함 속에서 한없이 게을러 보았으면 합니다.
뼛속까지 게을러져 그때 얻어지는
순도 높은 고요 속에서 걷는다는 것,
풀꽃의 한 삶, 물이며 혹은 바람,
벼락 치는 한순간 허공에서 파열하며
정지되는 섬광 같은 시, 사람의 모듬살이,
나고 죽는다는 것을 진지하게 사유해 보았으면 합니다.

– 장석주의 《고독의 권유》에서 인용함.

챗바퀴 속에 갇혀 반복된 일상에 자신의 삶을 저당 잡힌 걸 가지고 보람처럼 여기며 살아가는 사람들은 말합니다.

"난 당신처럼 그럴 여유가 없어. 팔자 좋은 소리 하지 마. 지금이 어떤 세상인데? 그러다가 영영 도태되고 말 거야."

그러나 단 한 번만이라도 챗바퀴 속을 벗어나 자유로운 세상의 숨결을 보게 된다면 그토록 자랑스럽던 바쁜 일상이 얼마나 공허한 외침이었는지를 깨닫게 될 것입니다. 그러니 더 늦기 전에 단 한 번만이라도 모든 욕망과 집착, 탐욕을 내려놓은 채 저 밑바닥 아무것도 거슬리지 않는 그 단순함 속으로 자신의 삶을 내던져 봤으면 합니다.


## 길 너머 기다림

사람이 걷다 보면 언제나 바른길만을 걸어갈 수는 없습니다. 걷다 보면 바람을 만나 헤매기도 하고 어둠을 만나 머뭇거리기도 하며 풍랑을 만나 바닥으로 떨어지기도 합니다. 그러면서도 절망하지 않고 다시 돌아올 수 있는 것은 머뭇거리는 눈망울, 곁에서 지켜보고 있는 당신의 기다림의 손길 그 따뜻한 마음 때문입니다. 그러니 주변 사람이 흔들리면 너무 화만 내며 몰아붙이지 마십시오. 그러면 영영 돌아오지 못할 수도 있으니.

바닥, 흔들림 ——————

3장

주변,

공감의 벽

# 경쟁이 남긴 빈자리

경쟁이

남을 이기기 위한 것이 아니라,

자기의 가치를 드높이기 위한

경쟁이 될 때

승자와 패자에 상관없이

경쟁은,

큰 가치와 의미를

선물하게 되는 것이다

생을 포기하는 일은 매우 쉽다. 우리는 누구나 힘든 일이 닥치면 가끔씩 복잡한 생으로부터 탈출할 수 있는 방법을 찾기도 한다. 그러나 막상 생을 끝낸다는 것은 쉬운 일이 아니다. 힘겨운 일에 못 견뎌 죽음을 생각하다가도 막상 죽음 앞에 서게 되면 그 누구도 알 수 없는 두려움에 자신의 판단을 되돌아보게 된다. 죽음은 단순하게 생명이 끝나는 것을 넘어 관계의 영원한 단절을 의미하며 더는 이 세상의 모든 것을 느끼고 호흡할 수 없는 완전한 소멸을 의미한다.

우리나라의 자살률은 10년 넘게 상위권에 위치해 있다. 하루 평균 인구 10만 명당 약 25~30여 명의 소중한 생명이 자살이라는 극단적 방법으로 삶을 마감하고 있는 상황이다. 그리고 이러한 수치는 좀처럼 줄지 않고 OECD 평균 자살률의 2배를 넘는다. 10대, 20대를 넘어 고령층 사망 원인 1위가 자살이라고 하니, 우리 사회에 억눌린 아픔의 흔적이 그 어느 나라보다도 심각하다고 볼 수 있다.


그런데 더욱더 견딜 수 없는 것은 객관적으로 우리 사회를 들여다보면 이러한 수치가 그렇게 놀랄 만한 수준이 아니라는 것이다. 우리는 태어나자마자 경쟁의 수레바퀴 속에 갇혀 한평생을 보내게 된다. 유아기, 아동기, 청소년기 대부분을 오로지 성적과 점수, 경쟁의 승자가 되기 위해 싸워야만 한다.

그리고 그 경쟁의 방식은 대부분 1등을 위해 다수의 패배자를 양산해 내는 엘리트를 뽑기 위한 경쟁이다. 따라서 많은 학생이 자신의 능력과 가치, 개성 등을 알기 전에 성적이라는 잣대에 억눌려 패배자가 되고 마는 것이다. 그리고 자신의 존재 가치를 한없이 낮게 바라보면서 '별로 중요하지 못한 사람'이라는 낙인을 찍어 버리게 되는 것이다.

이러한 잘못된 교육이 변하기 위해서는 먼저 사회 인식, 사회적 가치관 등이 변해야만 한다. 사회는 여전히 경쟁 위주의 가치관을 제일의 덕목으로 삼고 그 기준대로 돌아가고 있는데 교육만 협동적 시스템을 구축하려고 한다면 그것은 반드시 실패하기 때문이다.

따라서 사회가 먼저 사회적 약자를 고려하면서 더불어 살아가는 공동체적 질서를 구축하기 위해 경제·정치·문화적 측면에서의 노력을 기울여야만 한다. 그리고 서열 중심의 대학구조가 개편되어야만 한다. 일류대, 이류대, 삼류대, 지방대라는 잘못된 구조와 시스템이 무너져야만 학교 교육은 정상화될 수 있다. 이 시스템이 무너지지 않으면 그 어떤 교육 정책도 성공할 수가 없다.

한때 학생들의 가치, 개성을 존중하는 교육을 실현하기 위해 세워진 그 수많은 대안학교가 이제는 거의 다 사라지고 소수의 몇몇 학교마저 존속이 어렵게 된 이유는 바로 이러한 위계적 서열 구조 및 경쟁적 사회 시스템을 변화하지 않고 교육개혁만 이루려고 했기 때문이다.

명문학교란 무엇일까? 오늘날 명문학교의 기준은 일류대 숫자와 직결된다. 아무리 학생들이 즐겁고 행복한 학교생활을 한다고 해도 일류대 숫자가 제로일 경우 그 학교는 명문학교가 될 수 없다. 따라서 모든 학교는 오직 일류대 숫자에만 목숨을 건 채 진로 진학 지도를 하게 된다. 교사의 가치, 학교의 가치는 오직 일류대 숫자에만 달려 있다. 이것이 현재 우리 교육의 현실인 것이다.

학교는 배움의 공간이자, 삶의 가치를 함께 공유하며 더불어 살아가는 공동체이다. 따라서 학생들은 학교에 와 선생님과 함께 긴 시간을 함께하는 것에 대해 보람을 느끼고 가치를 배워야만 한다.

그런데 교사나 학생 모두 좀처럼 학교라는 공간 속에서 삶의 가치를 찾지 못한다. 학생은 단순하게 이 과정을 거쳐야만 사회에 나갈 수 있기에 필요한 통과의례 정도로만 생각하고, 교사는 참된 가르침의 가치를 벗어나 직장의 통상적 의미로만 학교를 바라보게 된다. 상호의존적 연결고리가 아니라, 각자도생을 위한 일방향의 질서로 가고 있는 것이다.

경쟁 중심의 사회는 효율성 측면에서는 다소 앞서갈 수 있지만 상생의 구조를 파괴한다는 무서운 함정이 도사리고 있다. 또한, 경쟁으로 인한 효율성은 집단적 협동으로 인한 효율성을 결코 넘어서지 못한다. 따라서 우린 단순한 경쟁 중심의 구조를 벗어나 상생의 구조 속에서 더불어 살아갈 수 있는 방안에 대해 늘 모색해야만 한다.

그런데 그 첫 출발점이 되는 학교 교육에서부터 이러한 경쟁 중심의 구조가 아이들의 정신을 온통 갉아먹고 있는 것이다. 1등 속에는 오직 자기밖에 없다. 아니, 1등이 되기 위해 자기만 생각할 수밖에 없는 환경이 그러한 기준에 매몰시켜 버리는 것인지도 모른다. 각박한 생존의 문턱에서 남을 고려하다 보면 자연히 뒤처지게 되고 본인 또한 낙오자의 대열로 떨어질 수밖에 없다.

대학은 공부할 사람만 가면 된다. 상아탑이라는 것은 학문적 탐구에 목마른 사람이 가서 열심히 공부하면 되는 것이다. 그리고 음악, 미술, 춤, 운동, 기술, 제과 제빵, 미용 등에 관심이 있는 사람은 그 분야의 일을 찾아 자기의 가치를 드높이는 삶을 살아가게 해 주어야 한다.

그리고 여기서 중요한 것은 '대졸, 고졸, 중졸'이라는 무서운 차별 구조가 사라져야 한다는 것이다. 대졸이라는 그 잘못된 학력 병이 남아 있는 한 오늘도 수많은 아이가 교실에서 듣기 싫은 국어, 영어, 수학 등의 수업을 들으며 부정적 자아상만을 지속적으로 만들어 갈 것이다.

1교시에서 7교시까지 하루 종일 잠만 자다 종례 시간에 맞춰 돌아가는 학생들의 쓸쓸한 뒷모습을 이제는 책임 있는 자세로 어른들이 돌봐 줘야 하는 절실함이 우리 곁에 다가왔다. 춤추는 아이, 노래하는 아이, 그림 그리는 아이, 공만 차는 아이도 학교에서 자기의 자존감을 높이며 공부 잘하는 아이처럼 동등하게 존중받는 학교 풍토를 만들어 가야지만 우리 교육이 살 수 있는 것이다.

　잘못된 기성세대의 가치관과 인습 때문에 변화하는 아이들의 미래를 망가트려서는 안 된다. 만약 이대로 교육이 지속된다면 더는 대한민국 교육에는 미래가 없다. 개혁과 혁신의 수준을 넘어 총체적인 변화의 물결이 사회 전반에서 일어나야지만 아이들이 살 수 있고 그래야만 10대, 20대 사망률 1위가 자살이라는 불명예의 수치를 조금이라도 낮출 수 있을 것이다.

　학교에서 공부를 못해 패배자로 낙인찍힌 아이들은 이미 긴 시간 동안 자존감에 큰 상처를 받았기에 성인이 되어 학교를 벗어나게 되면, 좀처럼 자신이 하는 일에 큰 자부심을 갖지 못하고 사회의 아웃사이더가 되어 외롭게 살아가게 된다. 이미 공부라는 경쟁을 통해, 대학이라는 서열 구조를 통해, 본인의 개성과 가치, 능력을 발휘하기도 전에 '아무것도 할 수 없는 무기력한 자아'로 사회에 나오게 되는 것이다.

　또한, 무너진 자존감을 극복하고 자신의 개성을 살려 멋진 삶을 살아 보려고 해도 좀처럼 사회에 넓게 퍼진 편견을 극복하지 못하는 두려운 환경에 처하게 된다. 그리고 사회는 학교의 구조보다 더욱더 철저하게 경쟁 구조가 되어 있다 보니 패배자로서 긴 시간을 경험해 온 많은 사람이 경쟁의 늪에서 좀처럼 행복과 웃음을 찾지 못하게 되는 것이다.

　자본주의 사회에서 이러한 경쟁 심리는 부, 권력 등과 연결되어 승자가 되기 위해서는 무한정 부와 권력을 쌓아야 한다는 강박 증세를 유발하게 된다. 요즈음 우리 사회에 문제가 되고 있는 아파트 갭 투자, 부당 상속, 고위층의 호화로운 생활 등은 이러한 사회구조의 잘못된 모습을 드러낸다고 볼 수 있다.

　수많은 사람이 살 집이 없어 반지하, 옥탑방 등을 전전하면서 하루하루 머물 곳을 걱정하고 있는데 누군가는 수백 채의 집도 모자라 또다시 계속해서 아파트를 매집하고 있는 것이다. 또한, 수조 원의 돈이 있음에도 불구하고 더 많은 재산을 증식하기 위해 부정한 방법을 총동원해 재산의 숫자를 늘려 가는 것이다. 이러한 구조는 마치 학교에서 봐 온 소수의 승자와 다수의 패배자라는 구조가 지속화되는 모습이라고 볼 수 있다.

　따라서 사람들은 좀처럼 희망을 찾지 못한 채 지속적 절망과 고통 속에서 마지막 극단적인 선택을 하고 마는 것이다. 관계의 단절과 자존감의 상실, 부와 권력화의 사생아가 되어 자본주의 절벽 끝에서 마지막 생의 안타까운 숨결을 울부짖게 되는 것이다.

　경쟁에 길들여져 살다 보면, 주변에 존재하는 사람들이 단순하게 경쟁상대로만 다가오게 된다. 그러면서 상대방을 통해 느낄 수 있는 공감과 소통의 공간을 찾지 못하고 홀로 긴 길을 가

야 하는 막막한 두려움에 빠져들게 된다. 사람은 많고 관계는
넘쳐 늘 분주하지만, 진정으로 내 안의 나를 돌봐 줄 영혼의 쉼
터는 존재하지 않는 것이다.

다른 것 보지 말고
너만 보고
너만 생각하며
달려가라고 말한다
그것만이 최상의 선택이고,
최상의 삶이라고

그러다 그렇게
나만 보고
나만 위해 달려가다
네가 그리운 날에는
무엇을 하지

# 입산의 풍경

산속으로 들어가
산이 말하는 이야기 속에
취해 걷다 보면
산은 말한다

그렇게 누군가가 되려 하지 말고
네가 되어 살라고

———— 나를 찾아서, 마음 여행

산을 오른다. 아니, 산속으로 들어가 본다. 산을 좋아하는 누군가는 산이란 오르는 곳이 아니라 들어가는 곳이라고 말한다. 산을 오름이라는 정복의 기준으로 삼을 경우 산은 결코 어느 것도 내어 주지 못하지만, 산을 어머니의 품속 같은 곳으로 여기는 경우 산은 그 자체만으로 많은 것을 품어 준다고 한다.

다시, 산에 들어간다. 오름과 들어감 사이에 존재하는 단순한 언어적 의미의 차이가 어떠한 삶의 효과를 주는 것인지 미처 깨닫지는 못하겠지만, 정상 등극이라는 정복자적 개념보다는 둘레길의 품 안일지라도 동반자적 위치에서 산을 품고 싶다.

산에 들어가 보면 먼저 나무와 길이 보인다. 그런데 길이라는 것은 우리가 습관처럼 걷는 도로 위의 길이 아니라 나무, 숲, 야생초가 만들어 놓은 길이다. 그 길은 바람의 길목을 찾아서 적당한 거리를 두고 서로가 서로에게 호흡의 긴 자리를 내주면서 형성된 생명의 길이다. 따라서 숲이 내어 준 그 생명의 길을 따라 걷다 보면 바람과 나, 숲과 나무, 하늘과 땅이 조화된 호흡의 숨결을 간직할 수 있게 된다.


산을 오르는 이유에는 여러 가지가 있다. 먼저, 자신의 나약함을 극복하고 새로운 도전의 마음을 찾고자 산을 오르는 경우가 있다. 정해진 정상과 정해진 시간, 그리고 극복해야 할 신체적 한계 속에서 한 발 한 발 내디딜 때마다 자기에게 다짐을 하며 새로운 꿈과 희망을 약속하게 된다.

이렇게 삶의 전환을 위한 오름은 처음부터 비장하다. 그리고 반드시 그 비장한 각오를 바탕으로 무언가를 얻고 돌아와야 한다는 절박함이 함께한다. 무릎에 통증이 오고, 손과 발이 탱탱 부어오를지라도 끝까지 올라야만 한다. 그래야만 다시 희망을 꿈꿀 수 있기 때문이다.

이십 대 때에는 이러한 산행을 좋아했다. 쉽게 통제할 수 없는 시련과 아픔, 버거운 주변의 환경 등이 자꾸만 삶의 많은 것들을 흔들리게 하고 넘어지게 할 경우, 무작정 산에 올랐다. 길이 보이지 않을 때면 더욱더 길이 보이지 않는 산행을 했다. 때때로 그 산행은 무박의 야간산행으로까지 이어졌다.

야간산행을 하다 보면 길이라는 것이 꼭 누군가가 갈고 닦아서 길이 되는 것이 아니라 내가 가는 곳이 곧 길이 됨을 알게 된다. 처음 발목을 스치며 풀숲을 거닐 때 느끼는 불안함도 별빛에 의지해 묵묵하게 걷다 보면 어느새 촉촉한 숨결로 다가오게 된다. 그리고 밝음 속에서 미처 보지 못했던 내면의 나를 어둠이 깊어진 후에야 비로소 마주할 수 있게 되는 것이다.

고요함과 적막은 보이지 않는 영혼을 숨 쉬게 하는 힘을 지니고 있다. 더욱더 깊은 적막 속으로 걸어갈수록 외로움은 깊어지지만, 그 외로움은 결국 자기의 내면을 돌아보게 하는 힘이 된다. 나를 돌아보는 순간은 과거로부터 미래에 이르기까지 수많은 사연 속에서 존재해 온 삶을 반추하도록 해 준다. 때때로 반추의 과정은 행복했던 순간들을 더욱더 오래도록 간직하게 해 주기도 하고, 잃어버린 작은 꿈 앞에 온기를 돋아나게 해 준다. 그리고 깊은 상처를 주었던 수많은 사람과 인연 앞에 용서라는 작은 선물을 전해 주기도 한다.

산을 오르는 또 다른 이유는 친구가 그립거나 말할 누군가를 찾기 위해서다. 이러한 산행엔 급한 오름보다는 느슨하고 여유로운 발걸음이 함께한다. 그리고 전혀 급하지 않다. 또한, 굳이 정상을 꼭 오르려고 하지 않는다. 바람이 좋으면 바람의 길목에 서서 한참을 머물러서 좋고, 작은 야생화가 신기하면 그 야생화의 숨결에 갇혀 한참을 고요하게 있어서 좋다. 산사에서 울려 퍼지는 풍경 소리에 마음을 빼앗겨서 좋고, 흐르는 시냇물 소리에 몸을 맡겨서 좋다.

요즘엔 이러한 산행이 좋아 굳이 정상을 가야 한다는 당위적 의무감보다 내 안의 나와 동행할 수 있는 친구가 그리워 산을 찾는다. 산에 가면 모든 게 다 포근하고 따뜻하다. 특히 솔잎 사이로 불어오는 바람의 인사는 가장 큰 위로를 전해 주는 친구 같다.

세상에는 듣기에 거북한 소리가 있고 오래도록 들어도 전혀 지루하거나 거북하지 않은 소리가 있다. 산에서 들리는 새소리, 물소리, 바람 소리, 풍경 소리 등은 오래 듣고 있어도 전혀 귀에 거부 반응을 일으키지 않는 마음의 소리이다.

틈이 날 때마다 〈나는 자연인이다〉라는 방송을 시청한다. 대중적 프로그램으로서 많은 사람이 이 방송을 좋아한다. 누구나 한 번쯤 동경하며 꿈꾸는 길이지만 쉽게 선택하지 못하는 삶이기에 무언가 강한 보상심리가 이 방송 앞으로 모여들게 했을 것이다. 이 방송을 보고 있으면 잠시나마 차별과 선입견, 질책과 모순, 속도와 경쟁 등을 잊고 자연의 숨결 앞에 머물게 된다.

자연은 그 누구도 재촉하지 않는다. 그리고 사람들을 기다리게 만든다. 기다림 가운데 하나씩 순리에 따라 보여 주며 가져가게 한다. 자연의 흐름은 마치 사람의 숨결과도 같다. 몸의 기운에 따라 필요한 만큼만 내어 주고 그 양에 따라 몸도 자연의 일부가 되어 살아가도록 만들어 준다. 따라서 자연인의 삶 속에는 사계절의 흐름과 같은 순환적 기운이 느껴진다.

산에 들어간다. 잠시 일상을 벗어나 진정한 내면과 마주할 수 있는 시간을 찾아 산속으로 들어간다. 영원할 수는 없지만 잠시만이라도 일상의 답답함을 잊고 내면의 심연 속에 깊게 가라앉아 있을 그 고요한 울림을 찾아 산에 들어간다.

산에 들어가
나무, 새, 풀, 야생화, 바람, 하늘과
하나가 되다 보면
내 마음도
나무가 되어

새가 되어

풀이 되어

서로 어루만져 주는

순간을 맞이하게 된다

# 몰입의 함정

답답한 일상 속에

무료한 삶 속에

어딘가 의지할 곳

머물 곳을

찾고자 하는 것은

당신과 나의

삶이자 숨결이니

흔들린다고

잘못된 곳에 머물게 되었다고

바닥에 너무

깊은 슬픔을 토해 내거나

주변을 원망하지 않기를

　　　　　　　─── 나를 찾아서, 마음 여행

무료한 일상이 지속되다 보면 우리는 왜 무언가에 몰두할 곳을 찾게 되는 것일까? 무료하다는 것은 어쩌면 가장 고요하고 행복한 순간이 될 수도 있는데, 사람들은 늘 무언가 재미있는 일을 찾게 된다.

그런데 재미있는 일에는 자신의 삶을 파괴하는 것과 빛나게 하는 것이 있다. 자신의 삶을 파괴하는 재미는 보다 급진적이고 파격적이며 사람들을 순간적으로 끌어들이는 강한 흡인력이 있다. 반면에 자신의 삶을 빛나게 하는 재미는 오래된 인고의 과정이 필요하며 지속적인 노력과 성장을 이루기 위한 기다림의 시간이 필요하다. 이러한 이유 때문일까? 사람들은 후자의 재미보다는 전자의 재미에 쉽게 빠져든다.

즐길수록 자신의 삶을 파괴하는 재미는 중독 성향을 지니고 있다. 인간의 몸은 쾌락적 자극에 상당히 민감하게 반응하도록 구조화되어 있다. 술이 주는 쾌락, 담배가 주는 이완, 도박과 게임이 주는 몰입과 흥분, 성적 욕구 충족에 대한 집착 등이 이에 해당한다고 볼 수 있다.

중독은 '특정 행동이 건강과 사회생활에 해가 될 것임을 알면서도 반복적으로 하고 싶은 욕구가 생기는 집착적 강박'이라고 할 수 있다. 그러면 도대체 무엇 때문에 그렇게 몇 번 만에 중독이 될까? 어떤 행동이 즐거움을 주면 그 행동을 반복하고 싶은 욕구가 강화되는 것을 동기강화라고 하는데, 이는 뇌 변연계(limbic system)

의 중변연 도파민 시스템(mesolimbic dopaminergic system)의 보상 관련 학습으로 이루어진다. 해부학적으로는 배쪽 피개 구역(VTA, ventral tegmental area), 측위 신경핵(nucleus accumbens) 및 이 둘을 잇는 도파민 섬유소가 중요한 역할을 한다. 특히 이곳을 자극하는 물질이 들어오면 강화는 더욱 강렬해진다. 코카인과 같은 중독성 물질은 이곳에 직접적으로 작용하여 흥분감과 다행감을 느끼게 하고 행동의 강화를 부추긴다.

– 하지현의 《청소년을 위한 정신의학 에세이》에서

유희적 존재로서 인간이 즐거움을 찾는 것은 어쩌면 당연한 인간의 본성일지도 모른다. 그런데 문제는 감각적 욕구 충족에 따른 즐거움에는 본인조차도 통제할 수 없는 무서운 함정이 늘 함께하고 있다는 점이다. 그리고 이러한 욕구, 욕망 충족이 거대한 자본 축적의 수단이 되면서 사람들은 부와 욕구 충족을 함께 만족시킬 수 있는 다양한 쾌락의 매체, 방법, 도구 등을 고안하고 개발해 온 것이다. 이러한 것들은 때때로 사람들에게 즐거움의 범위를 넘어서 더는 돌아올 수 없는 절망과 좌절, 슬픔을 주기도 한다.

코로나19의 시대적 암울로 인하여 사람들이 밖에서 다른 사람과 어울리는 소통의 시간은 줄어들고 집에서 혼자 하는 시간은 늘어만 가고 있다. 이렇게 혼자 하는 시간이 늘어 갈수록 사람들은 쉽게 무료함에 빠지게 되고 이러한 무료함을 달랠 수 있는 무언가를 찾게 된다. 그러다 보면 쉽게 빠져드는 것이 술, 게임, 도박 등이 될 수 있다.

코로나19로 다른 업체들은 불황기를 겪고 있는 상황인데 게임업체 등은 호황기를 누리고 있다. 초등학교 아이들부터 시작해 어른에 이르기까지 많은 사람이 게임에 몰두하고 있다. 게임이 무조건 나쁜 것은 아니지만 문제는 지나치게 게임에만 몰두해 본인이 해야 할 다른 일이나 가치 등에 대해서는 점점 무감각해진다는 데 있다.

게임에 집중하는 아이들은 활자매체가 주는 글에 집중하지 못하게 된다. 가상현실, 증강현실로 무장한 다차원 세계 속에서 질 높은 음악과 영상에 길들여진 아이들은 좀처럼 하얀색 바탕 위에 아무런 감흥을 주지 못하는 글자 앞에 즐거움을 찾지 못하게 되는 것이다. 따라서 게임을 끄고 책을 읽는 순간 책은 그저 답답하고 지겨운 수면의 대상으로 다가서게 되는 것이다.

또한, 요즈음 게임은 소비자들을 지속적으로 게임 속에 머물도록 하기 위해 연속성을 바탕으로 만들어지고 있다. 추억의 오락실에서 행했던 단판 게임은 사라지고 늘 언제 어디서나 지속적으로 그곳에 머물도록 다양한 장치를 해 놓은 것이다. 따라서 특정 게임에 한번 빠져들게 되면 때때로 몇 년씩 그 게임과 함께하게 된다. 즉, 소리 없이 조금씩 중독의 사슬을 마음의 영혼 속에 뿌려 놓게 되는 것이다.

무언가에 집중하게 만드는 게임이 꼭 나쁜 것은 아니지만, 그 곳에만 몰두하게 만드는 상업적 그늘과 시스템은 부의 축적 이 외에 게임의 긍정적 효과를 드높이는 방안에 대해서는 잘 묻지 않는다. 좀 더 즉흥적이고, 좀 더 쾌락적이고, 좀 더 지속적이 고, 좀 더 많은 돈을 소비하는 게임 개발에만 집중하고 있는 것이 다. 이러한 이유 때문일까? 인기를 얻기 위한 대부분의 게임 은 폭력성과 잔인성이 매우 강하다.

폭력적 게임을 많이 하는 아이들은 자연적으로 내면에 더 많 은 폭력성을 지니게 된다. 가상현실이지만 누군가에게 총을 쏘 고, 칼을 휘두르고, 정신없이 공격하는 주체가 되어 끊임없이 게임을 하다 보면 현실 세계와 가상현실 간의 이성적 구분과 판 단은 모호한 상황에 빠져들게 된다. 이러한 상황이 지속될 경 우, 폭력적 게임에 중독된 아이들은 현실 속에서 답답한 환경 을 만나거나 부정적 상황에 처할 경우 폭력적 게임의 일부를 떠 올리면서 그 행동과 동일시된 행동을 하게 되는 것이다.


술도 마찬가지다. 특히 우리나라는 다른 나라보다 유독 술 에 대해서만큼은 관대한 예찬론자가 많다. 술로 인해 하루 평 균 15명이 죽고 사회적 비용이 10조 원을 넘을 정도로 폐해가 심각함에도 불구하고 술은 여전히 인간관계에 있어서 필수적인 소비 수단이 되고 있다.

대검찰청 통계에 의하면 살인과 강도, 강간 등 강력 흉악범죄의 30% 이상이 음주 상태에서 발생한다고 한다. 또한, 질병관리본부에 의하면 응급실 손상 환장 심층 조사 결과 자살이나 자해를 하는 환자의 40% 이상이 음주와 관련이 있다고 한다. 이러한 통계는 술 소비량과도 직결되는데, 국세청에 따르면 국민 1인당 연간 알코올 소비량은 8.7리터에 달하고 이것은 소주로 115병, 맥주로는 348캔에 해당되는 것이라고 한다.

우리 사회에서 술은 식(食)문화 속에 없어서는 안 되는 중요한 수단이다. 때때로 이러한 술 문화는 관계를 회복하고 사람들 간의 친목 도모와 에너지를 충전하는 데 긍정적인 효과로 작용하기도 한다. 그러나 '마시고 죽어 보자는 식의 술 문화'가 문제다.

우리는 술을 처음 마실 때부터 술이란 취해서 정신을 잃고 잃은 정신으로 관계를 맺고 사람을 대하는 것처럼 배우게 된다. 그렇게 반쯤 정신을 잃고, 잃은 정신 속에서 서로에게 기대는 것 자체가 공감적 술 문화로 인식되어 온 것이다. 그러는 사이 많은 사람이 술 중독에 빠지고 음주운전으로 인한 교통사고, 범죄 등 혹독한 사회적 · 경제적 비용을 지불하고 있다.

코로나19로 인하여 혼자 술 마시는 혼술족이 급격하게 증가하고 있다. 혼자 먹는 술일수록 더 많이 먹게 되고 더 급하게 취하며 더 빨리 알코올 중독에 빠질 확률이 높아진다고 한다. 술로 관계를 맺고 술로 문제를 해결하고 술로 무엇을 해야지만 가능한 사회는 결코 건강한 사회라고 볼 수 없다. 술은 다만 사람들 사이의 관계를 원만하게 하는 작은 수단이 되어야지, 술 자체가 목적이 되어서는 안 된다.

도박의 문제도 심각하다. 요즘엔 스마트폰 기술이 워낙 발전되다 보니 스마트폰을 통해 이루어지는 도박 문제가 매우 심각한 상황에 처해 있다. 특히 이러한 사회 변화의 최대 희생자는 청소년이다.

청소년기를 제대로 보낼 수 없는 경쟁 위주의 교육 구조 속에서 청소년들은 답답한 순간을 벗어나기 위해 손쉽게 스마트폰을 이용한 도박에 빠져들고 있다. 그리고 이러한 청소년들의 심리를 이용해 불법도박 사이트가 만들어져 청소년들을 끊임없이 도박의 굴레 속으로 유혹하고 있다.

도박은 정신을 파괴할 뿐만 아니라 금전적 문제와 연결되어 가족 간의 관계, 친구 간의 관계마저도 하루아침에 다 뺏어 갈 수 있는 잔인하고도 무서운 습성을 지닌 대상이다. 처음에는 쉽게 접근이 가능하지만 그 굴레를 벗어나는 것은 많은 것을 잃은 뒤에야 가능하다. 이러한 것을 분명 알고 있음에도 불구하고 많은 사람이 도박에 빠져 재산을 탕진하고 건강한 삶을 잃고 만다.

도박은 게임, 술보다 더 강한 도파민을 분비해 그 순간에 집중하게 만들고 이성적 판단을 흐려 놓게 만든다. 될 것 같다는 심리, 분명 큰 거 한판이 나에게 다가올 것이라는 몽환적 환상

심리가 사람들을 끊임없이 도박이라는 중독에 빠져들게 하는 것이다.

그럼에도 불구하고 사람들은 경제적 논리에 급급하여 보다 더 쉽게 빠지고 보다 더 강렬한 충동으로 몰두할 수 있는 최첨단 도박 장비와 시설을 만들어 내고 있다. 도박이 주는 부작용을 알고 있음에도 불구하고 우리가 살아가는 곳곳엔 이러한 자본주의 논리에 기생하여 만들어진 도박장이 판을 치고 있는 것이다.

관광산업 육성, 지역개발 등이라는 명목으로 청정지역에 들어선 도박장 주변엔 오늘도 많은 사람이 욕망에 이끌려 자신도 모르게 모든 것을 탕진한 채 가족도 잃고 노숙인의 삶을 살기도 하면서 때때로 소중한 생을 포기하는 상황에까지 이르고 있다.

이성을 지닌 인간은 감각적 대상을 만나거나 쾌락적 순간을 접하게 되면 쉽게 이성을 잃고 욕구, 욕망에 따라 행동하게 된다. 인간이 지닌 이성이라는 것은 그렇게 냉철한 대상이 되지 못한다. 언제든지 이성은 다른 그 무엇에 의해 흔들리거나 무너질 수 있다. 이러한 이성의 능력을 한없이 추락시키는 것이 바로 도박인 것이다.

자기의 행동에 대해 자아의식이 통제할 수 없는 상태가 된다는 것은 더없이 불행한 일이다. 어쩌면 이것은 자아 의지가 정지된 상태로 돌아가는 것보다 더 큰 불행을 야기하는 경우가 더 많다. 이러한 이유 때문일까? '인간은 자유롭도록 선고(저주)받은 존재'라는 사르트르의 말이 더욱더 강렬하게 다가온다.

몰입은 때때로 삶에 에너지를 부여하고 답답한 일상에 활력을 불어넣어 주지만, 몰입의 수준과 대상이 무엇이냐에 따라 삶의 모습은 달라진다. 따라서 되도록 우린 삶의 가치를 좀 더 빛나게 할 수 있는 몰입의 대상을 찾아서 현실적 삶과 조화를 이룰 수 있는 수준에서 머물 수 있는 지혜가 필요하다.

몰입할 대상이 있다는 것은 긍정적 측면에서 봤을 때는 삶에 열정과 에너지가 부여된다는 것이며 답답한 일상에 생의 울림을 줄 수 있는 기폭제 같은 것이 있다는 것이다. 그러나 사람들은 쉽고 빠르게 끊임없이 무언가에 몰입하기를 원한다. 그러한 몰입은 되도록 준비 과정 없이 쉽게 빠져들 수 있는 것을 찾게 된다. 이러한 몰입의 함정 때문인지, 몰입은 곧 잘못된 욕망의 충족과 너무나 쉽게 손을 마주 잡게 되는 것이다.

몰입이 삶의 긍정적 에너지를 발휘하도록 하기 위해선 절제와 지혜가 필요하다. 광적인 몰입은 결국 그 대상이 무엇이든 현실적 삶의 많은 부분을 파괴하는 경향이 있다. 아무리 긍정적 대상이라 할지라도 지나친 몰입은 관계의 연결고리를 파괴하고 결국 자기의 욕망과 가치만을 지향하도록 만들기에 삶의 균형을 파괴하게 되는 것이다. 따라서 몰입엔 반드시 절제와 균형이 필요하다.

그리고 몰입 시 반드시 고려해야 할 점은, 몰입의 대상이다. 쉽게 몰입할 수 있는 것은 대부분 즉흥적 욕망 충족을 위한 것이기에 중독이라는 함정에 빠질 우려가 있기 때문이다. 따라서 자신의 삶에 대한 성찰을 바탕으로 자기의 가치를 빛낼 수 있는 대상을 찾아야만 한다.

빛나는 것은 그 빛 속에 수많은 어둠을 담고 있다. 어둠과 인내의 시간이 있어야만 빛나는 것이다. 이러한 어둠과 인내의 시간이 없이 빛나는 것은 얼마 가지 못해 흔적도 없이 사라지게 된다. 자기의 몰입된 삶 속에서 그 삶이 빛나기 위해선 삶에 대한 성찰과 고뇌의 과정을 바탕으로 참된 몰입의 과정이 필요한 이유가 여기에 있다.


중독은 아주 빠르게
그것도 아주 즉흥적으로
이성을 마비시키는
독성 물질을 지니고 있다
그리고 이러한 중독에
한번 노출이 되면
그 길을 되돌아오는 데에는
너무 큰 희생과
아픔이 따르게 된다

따라서 우린 늘

중독이라는 두 글자 앞에

책임과 관계,

사랑과 존중이라는

덕목을 바탕으로

이 두 글자를 잘 피해서

견뎌 나가야만 한다

# 침묵하지 않는 참여

정의라는 말처럼

가슴 설레는 단어는 없지만,

진정 무엇이 정의로운 행동이고

정의로운 몸짓인지에 대한

순수한 답변은 존재하지 않고

각자의 욕망에 저당 잡힌

정의만 존재할 뿐이다

아름다운 세상을 꿈꾸는 것은 누구나가 바라는 간절한 소망이자 욕구이다. 그러나 아름다운 세상을 꿈꾸지만 누구나가 이러한 아름다운 세상을 위한 동력제가 되기란 쉽지 않다. 좋은 사람, 좋은 이웃, 좋은 사회를 지향하는 것은 우리 모두의 공통적인 관심사이지만 막상 본인이 이러한 사회를 만들기 위해 무언가를 포기해야 한다면 자아는 흔들리게 된다.

이러한 이유 때문일까? 우린 늘 대의(大義)를 향해 우리에게 큰 가르침을 전해 주는 누군가를 그리워한다. 이러한 그리움은 자기의 내면에 담긴 동경의 욕구이자 그리움의 결정체라고 볼 수 있다.

누구나가 선을 지향한다. 그러나 그 선의 지향이 무엇인가를 희생하기를 요구한다면 우린 아무리 그것이 선이라고 할지라도 쉽게 그 길을 가지 못한다. 이러한 욕구는 선에 대한 지향 욕구보다 더욱더 격렬하고 간절하다. 이러한 심리 때문에 우린 본인과 다르게 살신성인의 자세로 봉사 활동을 하거나 자신의 모든 것을 내던지며 대의를 위해 사는 사람 앞에 경의와 존경의 마음을 표하게 되는 것이다.

이러한 심리적 마음의 결정체가 증폭되어 나타나는 곳이 정치적 공간이다. 정치라는 것은 본래적으로 인간의 욕망이 응집되어 나타나는 것으로 갈등과 마찰이 발생하지 않을 수 없다. 정치는 단순하게 사회를 바르게 하는 것을 넘어 권력, 물질 등

———— 나를 찾아서, 마음 여행

의 욕구와 밀접하게 연관되어 있다.

따라서 정치적 공간 속에서 바른길이라는 것은 어쩌면 이러한 권력과 물질의 향방에 따라 방향이 달라질 수 있다는 속성을 그 안에 내재하고 있다. 수많은 시민운동가도 막상 정치적 권력을 손에 쥐게 되는 순간 권력이 손짓하는 부와 권좌의 늪에 빠지게 된다. 이처럼 권력은 달콤하고 인간의 내면에 있는 지배 욕구를 분출하게 만든다.

고대 그리스 철학자 디오게네스는 권력은 그것을 소유한 모든 사람을 타락시킨다고 봤다. 왜냐하면 처음에는 그것을 사용하고 싶고 그다음에는 그것을 남용하고 싶은 유혹이 너무 크기 때문이라는 것이다. 심지어 영국 사상가 토마스 홉스는 "권력을 쉬지 않고 영원히 추구하는 것이 인간의 일반적인 경향이며, 이러한 권력 욕구는 오직 죽어서만 멈춘다."라고 봤다.

이러한 속성 때문일까? 정치를 하면 할수록 정치인들은 더욱더 권력화되어 가면서 정의라는 순수한 지향점을 잃어버리게 된다. 정치가 지향하는 바는 정의이지만 정치를 통해 얻고자 하는 것은 정의가 아니라 부와 권력과 같은 욕망의 충족이 강하기 때문이다. 그리고 정의는 이러한 부, 권력을 얻는 데 있어서 정당화의 수단이 되고 있다.

이러한 잘못된 논리를 부정하고 싶겠지만 정치라는 공간 속에서 이러한 관계는 밀접한 연관성을 지닌 채 움직이고 있다는 사실이다. 그래서 정치인의 삶은 어렵고 힘들며 존경받기 어려운 것이다.

진정으로 바른 정치를 하기 원한다면 정치에 맞서는 저항가가 되어야 한다. 그러나 그러한 순수권력은 거대권력에 맞서 좀처럼 힘을 발휘하지 못한다. 이러한 이유 때문일까? 정의를 외치던 순수권력도 결국 권력과 부에 집착하는 패권 권력의 늪으로 빠질 위험성을 그 안에 내포하고 있는 것이다.

누구나가 정의로운 삶을 원하고 정의로운 세상을 꿈꾸며 정의로운 제도와 법을 원한다. 그러나 현실 속에서 만들어지는 법과 정책은 이러한 정의로움의 요건을 충분히 충족하지 못한 채 다른 누군가의 비판의 화살이 되어 표류하게 되는 것이다. 이것은 아마도 권력을 쥔 자의 판단 속에 머물고 있는 권좌의 달콤함과 그 달콤함을 유지하기 위한 또 다른 권력욕이 작용하고 있기 때문이다.

고대 그리스의 철학자 트라시마코스는 정의란 결국 강자의 이익에 불과한 것이라고 봤다. 즉 힘이 있는 자가 그들의 권력과 힘을 지속적으로 향유하기 위해 만들어 놓은 사회적 기본 관념을 정의라고 본 것이다.

아무리 정의로운 몸짓일지라도 그것이 힘을 얻지 못하면 그것은 부정의가 되지만, 아무리 부정의한 것일지라도 큰 힘을 얻으면 세상에 가장 정의로운 것이 될 수도 있다. 이러한 논리를 들여다보면 애초부터 정의란 존재하지 않는 것인지도 모른다. 어쩌면 정의란 결국 힘 있고 권력 있는 자들이 그들의 권력을 합리화·지속화하기 위해 만들어 낸 수단일지도 모른다.

역사가 강자의 역사이듯이 정의도 결국 강자의 정의인 것이다. 그러나 때때로 이러한 등식이 깨질 때도 있다. 그것은 바로 수많은 사회적 약자가 결집되어 소수의 잘못된 권력자들보다 더 높은 힘을 발휘할 때이다. 이것이 바로 저항이고 투쟁이다.

이러한 저항과 투쟁은 권력의 고착화 현상에 따라 썩을 대로 썩어 버린 문제를 표면 위로 떠오르게 해 욕망과 결탁하지 않는 순수한 정의적 관점으로 부당한 권력을 심판하게 되는 것이다. 따라서 시민적 저항은 권력의 고착화 현상을 막기 위해 언제나 늘 우리 곁에 존재해야만 한다. 권력의 속성이 늘 본인의 입맛에 따라 정의를 강자의 논리대로 규정할 수밖에 없다면, 그에 대한 최종적 판단은 다수의 시민적 저항에 의해 내려져야만 하기 때문이다.

따라서 우린 늘 사회에 관심을 갖고 바람직한 사회를 추구하기 위한 방안에 대해서 고민하면서 정의로운 세상이 무엇인가에 대해 생각하고 고민해야만 한다. 권력이 시민의 힘으로 재편되었다고 해서 새로운 순수 정의가 꽃피우게 되는 것은 아니다. 다시 그 권력이 권력의 늪에 빠져 잘못된 권력에 머무르게 마련이기 때문이다. 따라서 시민들이 할 수 있는 것은 권력자들이 되도록 경각심을 지닌 채 권좌 위에 앉아 있도록 하는 것이다.

한나 아렌트는 행동하지 않는 양심은 악의 편에 서 있다고 봤다. 무엇이 정의로운 기준인지 알면서도 그 기준대로 나서지 못하는 것은 권력의 늪 속에 기생하는 또 다른 악이 될 수있다는 것이다. 저항하고 행동하는 양심으로 살아갈 때 최소한 정치는 우리 모두의 정의가 무엇인지를 한 번이라도 더 묻게 되고 이러한 성찰로부터 바른 정치를 지향하게 되는 것이다.

다만 그러한 저항의 방법은 반드시 평화적인 수단과 방법을 전제해야만 한다. 폭력적 저항은 결코 문제를 합리적으로 해결하지 못한 채 더 큰 권력 속에 어두운 정의를 합리화하는 경향이 있다. 따라서 잘못된 부정의를 개선하기 위해서는 반드시 평화적 방법을 통한 힘의 결집을 통해 개선해 나아가야 하는 것이다.


독일의 철학자 니체의 글 속에서 등장하는 초인(超人)은 어쩌면 우리 인간의 본연의 모습일지도 모른다. 그리고 니체의 말처럼 도덕과 종교라는 것은 초인들이 그들의 권력을 정당화하기 위해 만들어 낸 포장된 개념일지도 모른다.

니체는 양심을 질병으로 표현했다. 기독교나 기존의 도덕이 노동을 찬양하고 양심적인 사람을 높게 평가하는데, 그 이유가 지배층이 일하고 싶지 않은데, 노동은 있어야 사회가 돌아가기 때문이라고 봤다. 그리고 양심적인 사람일수록 그들이 만들어 놓은 제도와 법 앞에 순응적인 사람이 된다고 봤다. 결국 이러한 것이 인간의 본성이고 욕구라면, 니체는 결국 우리 모두가 초인의 삶을 지향해야만 한다고 주장하는 것이다.

그러나 이러한 니체의 지적은 인간의 욕망에 대해 합리적인 분석은 했을지 몰라도 그것이 사회의 발전과 공동체에 건강한 영향력을 행사할 수는 없다는 것이다. 즉 인간의 욕구, 욕망에 대해 사실적 분석을 했을지는 몰라도 그것을 벗어나 사회적 존재로서 인간이 살아가야 할 공동체의 가치, 규범에 대해서는 당위적 가치를 제시하지 못한다는 한계점을 지니고 있다.

완장을 차는 순간 삶은 욕구, 욕망의 힘과 함께 꿈틀거리기 시작한다. 누구보다 더 많이 갖고, 더 높은 자리에 오를수록 욕망에 휩싸인 인간은 권력과 동반한 삶의 가치를 지향하게 되는 것이다. 그래서 한번 정치에 몸을 맡긴 사람은 쉽게 그 속에서 벗어날 수 없게 되는 것이다.

그러나 욕망이 꿈틀거리는 그 속에는 반드시 갈등과 대립, 정복이 존재하게 된다. 너를 이기지 못하면 내 욕망을 더는 충족시킬 수 없다는 무서운 야욕이 드리우게 되는 것이다. 그러다 보니 순수한 정의는 갈 곳을 잃게 되고 욕구, 욕망 충족의 수단으로서의 권력화된 정의만이 존재하게 되는 것이다.


바람이 분다. 새로운 사회를 바라는 사회적 약자들의 가난한 바람이 분다. 그 바람이 누군가의 가슴에는 이 시대의 순수한 정의가 무엇인지를 묻게 하는 따스한 바람이 될 수도 있지만,

다른 누군가에게는 또 다른 권력을 향한 차가운 바람이 될 수도 있을 것이다.

하지만 중요한 것은 분명 정의(正義)라는 것은 존재한다는 것이다. 그리고 아무리 큰 권력 안에 정의라는 두 글자가 묻혀 있을지라도 언젠가는 분명히 바른 이름의 정의로 다시 피어나게 된다는 것이다.

내 말이 법이 되고 내 행동이 누군가의 지침이 된다는 것은 무척 설레는 일이다. 그러나 그 법과 행동에 너무 깃들여지다 보면 어느새 다른 누군가의 법과 행동이 나의 모든 것을 조여 올 날이 반드시 오게 된다. 권력 속의 나는 결국 거울자아와 같은 현상이 보여 주는 욕망의 응집체로서의 나인 것이다.


정치적 권력은

어쩔 수 없이

인간의 욕망 충족의

한 수단이 될 수밖에 없다

다만, 이러한 권력이

인간화의 길을

걷기 위해서는

그러한 권력을 견제할 수 있는

너와 나의

힘이 필요한 것이다

# 말을 통한 자아 찾기

사랑해, 사랑해라고

수없이 전해 봐도

상대방에게

진심으로 공감을 전하는

사랑해 한마디가

깊은 울림을 전하는 것은

어쩌면 말과 언어가 지닌

하나의 생명력일지 모른다

인간이 동물과 다르게 인간으로서의 가치를 표현하는 데 있어서 가장 중요한 대상 중 하나가 바로 말과 글이다. 말과 글은 단순하게 의사소통의 수단이라는 차원을 벗어나 인간 내면에 담겨 있는 보이지 않는 영혼을 적절한 도구를 이용하여 표현하는 수단이기도 하다.

사람들이 내뱉은 말 속에는 그 사람의 영혼이 담겨 있다. 말투라는 것은 단순하게 한순간의 미학적 태도로 형성되는 것이 아니라 오랜 시간에 걸쳐 형성된 한 사람의 영혼의 울림이라고 볼 수 있다. 이러한 이유 때문일까? 사람들의 목소리에는 누구나 그 사람의 파동이 전해진다.

격한 성질을 지닌 사람의 말소리는 늘 거친 파도와 같이 상대방을 밀어내는 울림이 있다. 이러한 말소리는 말을 할 때 호흡의 순환보다 더 빠른 속도로 언어를 밀어내기 때문에 듣는 사람을 늘 긴장하게 만들고, 그 사람의 말에 쉽게 동화되지 못하도록 하게 만든다. 반면, 온화한 수행자의 말소리 속에는 마치 따스한 저녁노을과 같은 잔잔함이 느껴진다. 이러한 말소리를 접하다 보면 때때로 그 내용과 상관없이 전하는 파동만으로 그 사람의 말소리 속에 깊게 빠져들게 된다.

물리학자인 데이비드 봄은 "존재하는 모든 것은 그 크기와 상관없이 입자와 파동으로 되어 있다."고 봤다. 그리고 언어 파동은 전자파보다 무려 3,300배나 더 강력하게 전해진다고 한다.

사람들은 대화를 할 때 일반적으로 말의 내용을 가지고 문제 삼지만, 실제 대화의 많은 부분이 내용보다 그 사람이 전하는 말소리 속에 담긴 파동에 의해서 교감이 이루어지게 된다. 때때로 듣기 거북한 말이 잔잔한 파동을 가진 사람에게서 나올 때는 굉장히 유머 있는 표현으로 정겹게 다가오는 것도 바로 이와 같은 이유 때문이다. 똑같은 말일지라도 어떠한 파동을 가지고 누구에게 전달되느냐에 따라 그 말의 의미와 가치가 달라지는 것이다.

　아이들이 잠잘 때 엄마가 옆에서 들려주는 동화책은 책의 내용보다는 엄마가 전해 주는 소리의 파동에 의해 아이가 잠에 들게 되는 경우가 많다. 아이는 엄마의 배 속에 있었을 때 느꼈던 호흡과 순환의 흐름을 엄마의 목소리를 통해서 느끼면서 무의식의 세계로 빠져들게 되는 것이다. 아이가 잠잘 때 동화책을 읽어 달라고 애타게 부르짖는 이유는 동화책의 내용이 궁금해서가 아니라 엄마가 옆에서 들려주는 그 잔잔한 파동이 그립기 때문이다.

　이러한 측면은 성인도 마찬가지이다. 어떤 사람은 이유 없이 라디오를 틀어 놓고 잠을 자거나 밤새 텔레비전 소리가 들려야만 잠이 든다고 말한다. 이것은 마치 아이가 어둠 때문에 느끼는 공포를 엄마의 소리를 통해 극복하듯이 뭔가 모를 적적함과 외로움을 소리의 잔잔한 파동을 통해서 잊게 되는 것이다.

말을 잘한다는 것 또한 단순하게 언어적 논리성과 체계성으로 무장된다는 것만을 의미하지는 않는다. 말을 잘한다는 것은 본인이 사용하고 있는 언어 하나하나에 본인의 내면의 울림을 집어넣어 상대방에게 제대로 전달한다는 것을 의미한다.

일반적으로 사람들은 말만 잘 전달하는 사람들에게는 큰 매력을 느끼지 않는다. 영혼이 없는 말소리는 그저 기계적 소음밖에 되지 않기 때문이다. 작고 고요하지만 한 마디 한 마디에 상대방의 마음을 함께 공유하면서 전하는 말일 때 비로소 그 파동은 상대방의 가슴속으로 파고들게 되는 것이다.

사람들은 말을 통해 상처를 받기도 하지만 말을 통해 위로를 받기도 한다. 어떤 사람은 아무것도 가진 것이 없는데 말 하나로 많은 사람에게 공감을 주고 위로를 전하며 행복한 삶을 살아가지만, 또 누군가는 그 빛나는 명성에 맞지 않게 말 때문에 매우 불행한 삶을 살아가게 된다.

좋은 말, 따뜻한 말, 영혼에 울림을 전하는 말은 언어 선택에 앞서 내면의 수행이 함께하지 않으면 결코 표현되거나 전달될 수 없는 속성을 지니고 있다. 결국 좋은 말을 잘 전달하기 위해서는 다른 무엇보다도 자신의 내면적 성찰이 늘 함께해야만 하는 것이다.


보이지 않는 내면의 세계를 밖으로 투영시키는 것에는 여러가지가 있다. 눈빛으로 나올 수도 있고, 행동으로 나올 수 있고, 말과 목소리로 표현될 수 있다. 목소리가 좋다는 것은 단순히 소리의 빛깔이 좋다는 것이 아니다. 그 목소리를 듣고 있으면 나도 모르게 잔잔하고 편안한 마음을 느끼게 된다는 것이다. 이러한 파동과 진폭은 단순하게 목소리가 크고 낮음에 따라 느껴지는 것이 아니라 그 사람의 내면의 호흡과 울림에 따라 상대방에게 투영되는 것이다.

인간의 언어는 단순하게 의사 전달의 이성적 효과만을 지니고 있는 것이 아니다. 인간이 사용하는 언어는 의사 전달의 효과를 넘어서 우리가 함께 살아가고 있는 이 시대의 동반자임을 그 울림을 통해 스스로 확인하고 공감하는 대상이 되는 것이다. 그리고 이러한 언어가 서로의 입과 귀를 통해 전달될 때, 마치 자연의 순환적 흐름 속에 만물이 상생하듯이 인간 또한 함께 공존하고 있음을 깨닫게 되는 것이다.

우린 복잡한 도시 생활에 지쳐 갈 즈음 어릴 적 머물던 시골의 풍경을 동경하며 그곳으로 떠나게 된다. 특히 바람에 댓잎이 흔들리는 소리, 나뭇잎이 사각거리는 소리, 굴뚝 주변으로 밥 짓는 연기가 모락모락 퍼져 가는 소리, 개구리들이 지저귀는 소리 앞에 머물다 보면 마치 한 폭의 풍경화에 취한 듯 위로와 평온함을 느끼게 된다.

갈수록 빠름과 경쟁을 강조하다 보니 사람들의 소리 또한 초기가급의 속도로 거침없이 전해지고 있다. 말소리는 많이 들리는 데 새겨서 울림을 전하는 소리는 점점 줄어들고 있는 것이다. 많은 말보다, 적은 말이지만 상대방의 가슴에 따뜻하게 안길 수 있는 말의 성찰이 중요한 시점이다.

언어는
의미 전달을 넘어
너와 내가
하나의 호흡과
숨결을 간직한 채
이곳에 머물고 있다는
사실에 대한
울림이다

## 치킨의 순서도

고등학교 3학년 교실의 게시판에 보니 재미있는 글귀 하나가
있어 써 봅니다.

"1 · 2 · 3등급은 치킨을 시키고 4 · 5 · 6등급은 치킨을 튀기
고 7 · 8 · 9등급은 치킨을 배달한다."

대학수학능력시험이 백 일 남짓 남은 교실의 분위기는 희망
과 절망이 교차하는 사거리처럼 한쪽은 그래도 희망이 남아 있
어 달려 보려 하고, 또 한쪽은 이제 거의 자신의 운명이 결정된
듯 포기하려 합니다.

7 · 8 · 9등급이 있어 치킨이 움직이고 4 · 5 · 6등급이 있어
치킨이 비로소 튀겨질 수 있으니 1 · 2 · 3등급은 감사하게 먹
으라고 소리치고 싶은데, 아이들의 눈빛이 너무나 진지해 입을
다물고 맙니다.

## 외로움

안도현 시인은 말합니다.

"외로울 때는 사랑을 꿈꿀 수 있지만, 사랑에 깊이 빠진 뒤에는 외로움을 망각하기 십상이다. 그러니 사랑하고 싶거든 외로워할 줄 알아야 한다. 나에게 정말 외로움이 찾아온다면 나는 피해 가지 않으리라. 외로울 때는 실컷 외로워하리라. 다시는 외로움을 두려워하지 않으리라."

외로움을 두려워하는 사람이 많습니다. 심지어 어떤 사람들은 외로워하는 사람들을 정신적 장애가 있는 사람으로 걱정하기도 합니다. 그러나 적절한 외로움은 삶을 무르익게 만드는 삶의 자양분이자 자신을 한층 더 성숙하게 이끄는 삶의 쉼터와 같습니다.

시인의 말처럼 외로움의 깊이를 제대로 아는 사람만이 다른 사람의 외로움도 따뜻하게 받아들일 수 있는 것이며 함께하는 삶의 소중함도 느낄 수 있습니다. 그러니 외로움이 찾아오면 물러서지 마시고 그 외로움에 빠져 깊은 내면의 소리를 들어 보시기 바랍니다. 어쩌면 그 소리는 너무 정신없이 살아온 당신에게 잊고 산 많은 것들을 되돌아보라는 소중한 울림일 수도 있으니 말입니다.

# 책 정리

오랜만에 집에 있는 책을 정리했습니다. 이십 년 전, 이모가 미국 가실 때 주고 간 세계전집부터 역사서, 삼국지, 수필집 등 오백여 권의 책을 모두 낯선 타인의 손으로 보냈습니다. 어릴 적부터 방 한편에서 늘 함께하며 대학교 자취방, 반지하, 신혼집에 이르기까지 거처를 옮길 때면 책은 절대 팔거나 버려서는 안 된다는 무서운 집착 때문인지 제일 먼저 책을 챙겨 왔습니다.

그런데 어느 순간 창문을 대부분 가리고 있는 책장과 그곳에 빼곡하게 꽂아 있는 책을 보면 숨이 꽉 막히는 답답함이 느껴졌습니다. 잘못된 지식의 소유욕, 껍데기 같은 지적 욕망의 갈증이 책을 전시품으로 전락하게 했던 것입니다.

책을 보내고 나니 창문 밖으로 햇살이 눈부시게 다가옵니다. 마음에도 봄꽃처럼 화사한 꽃향기가 피어납니다. 남겨진 책의 존재도 더욱더 소중하게 다가옵니다. 비우고 나니 가득해지는 마음이 생겨 읽지 않던 책을 다시 읽게 됩니다. 비운 마음 곁으로 새로운 마음이 열립니다.

## 삶의 법칙

기린의 목을 제대로 본 사람은 알 것입니다. 수직의 비상을 꿈꾸던 삶도 더 올라갈 수 없는 허공의 메아리 앞에서는 단지 거친 몸부림에 지나지 않는다는 것을. 그러니 마음을 단속하지 못한 채 오직 높이 올라가는 것에만 삶의 모든 것을 다 바치려 하지 마십시오. 그 뒤에 남겨지는 것은 오직 수직의 낙하뿐이니 말입니다.

높이 올라가는 것만큼 내려올 때를 준비해 차곡차곡 계단을 쌓아 가시기 바랍니다. '나만 잘나면 된다.'는 생각에 갇혀 주변을 외면하지 마시고 함께 가지 못하는 많은 사람에게 내가 가진 것도 좀 나눠 주고 위로의 말도 전하면서 함께 갔으면 합니다. 그래야지만 내려오는 길이 외롭지 않을 것입니다.

# 상

높은 곳, 귀한 곳이 아닌 바닥에 주는 상이 있었으면 좋겠습니다. 공부 잘해 의사 되고 박사 되어 존경받는 것만큼 열심히 농사 잘 짓고 새벽녘 많은 사람이 잠든 사이 거리 곳곳을 청소하는 사람들에게도 동정이 아닌 진심 어린 사랑과 존경으로 전하는 그런 귀한 상이 있었으면 좋겠습니다.

그래서 사람들이 어느 곳에서 일하든 학력, 경제력이 어느 정도이든 자신의 삶과 모습에서 참된 즐거움을 찾으며 살 수 있는 그런 세상이 되었으면 좋겠습니다. 만약 그런 세상이 온다면 지금처럼 수많은 아이가 이유 없이 성적에 목말라하며 경쟁의 도가니 속에 내몰리지는 않게 될 것입니다.


# 동행

동행, 동반자, 동지라는 말을 들을 때면 사람의 눈빛이 먼저 다가옵니다. 계산적인 이성이 아니라 서로의 꿈을 진심으로 다독거리며 어루만지는 그 눈빛이.

우린 늘 '동반자'인 누군가를 찾습니다. 외로워서 찾고 힘들어서 찾고 눈물이 나 찾습니다. 그러나 그때마다 동반자는 늘 멀리 있습니다. 주변은 늘 어둡고 계산적인 듯 동행할 사람이 쉽게 보이지 않습니다.

그러나 잠시만 빈 마음으로 다시 주변을 돌아보면 알게 됩니다. 주변에 동반자가 없는 것은 어쩌면 자신의 마음이 너무 닫혀 있었기 때문이라는 사실을. 내가 먼저 누군가의 동반자가 되고자 할 때 비로소 동행할 누군가가 곁에 있을 수 있다는 것을.

### +10, -10

과학에 작용과 반작용이 있다면 철학엔 '도의 순환 법칙'이라는 것이 있습니다. 모든 것은 자연의 흐름에 따라 한쪽의 힘이 지나치면 결국 다른 쪽의 힘이 강해져 평형한 상태가 된다는 것입니다.

삶도 마찬가지입니다. +10의 성공을 꿈꾸기 위해서는 −10의 고통에 빠져서 그 고통이 주는 아픔과 상처를 경험해야 합니다. 더 높게 성공하기 위해서는 더 깊은 좌절과 실패를 맛보아야만 가능한 것입니다. 성공한 사람들의 과거에는 대부분 이러한 삶의 법칙이 담겨 있습니다.

절망을 두려워하지 마십시오. 더 깊은 절망이 오면 더 높은 성공을 위한 길임을 꼭 잊지 말았으면 좋겠습니다.

## 정신의 감옥

프랑스의 철학자 미셸 푸코는 말합니다.

"감옥이란 감옥 바깥에 있는 사람들로 하여금 자기들은 갇히지 않았다고 착각하게 하는 정치적 공간이다."

사람이 살아가면서 가장 큰 착각 중의 하나는 바로 자기 생각이 정답이라는 점입니다. 자기 생각이 정답이라고 생각하는 사람은 절대 다른 사람의 생각과 의견을 귀담아듣지 않습니다. 따라서 그 사람은 정신의 발전을 이룰 수 없을 뿐만 아니라 독단의 잠에 취해 타인들과 끊임없는 갈등과 마찰을 일으키며 '화'의 주범이 됩니다. 미셸 푸코의 말처럼 정신의 감옥에 갇혀 버린 것입니다.

발전과 성숙은 타인의 생각을 귀담아듣고 자신의 잘못된 점을 끊임없이 열린 공간의 장으로 내던지는 행위 속에서 비로소 꽃피게 되는 것입니다.

## 순리

　복잡하고 답답할수록 아이의 눈처럼 더 단순하게 바라보면 의외로 모든 것이 술술 잘 풀리게 되는 경우가 많습니다.

　복잡하게 꼬인 실타래를 풀다 보면 아주 단순한 곳에서 실이 꼬이기 시작해 풀 수 없는 지경까지 이르게 됨을 깨닫게 됩니다. 복잡하게 얽힌 대부분의 일은 아주 작고 사소한 것에서부터 시작됩니다. 그리고 그 사소함을 더욱더 복잡하게 키우는 것은 다른 그 무엇이 아닌 바로 내 마음의 복잡함에 있는 것입니다.

## 금수저, 흙수저

　선천적인 자연적 우연성의 혜택이 후천적 노력을 제로 상태로 다운시킬 경우 절망의 벽은 커져만 갑니다. 화려한 배경과 가문, 초라한 배경과 구조라는 이분법적 구조의 대립이 합리적으로 해결하지 않는 한 자본주의는 발전할 수 없습니다.

　그러나 절망할 필요는 없습니다. 선천적인 자연적 우연성의 혜택은 모래성처럼 부서지기 쉽지만, 흙수저로 단련된 끈기와 인내의 삶은 쉽게 부서지지 않기 때문입니다. 또한, 우연성으로부터 얻은 부와 권력은 자칫 잘못하면 쾌락의 함정에 빠질 위험인자를 늘 지니고 있습니다.

따라서 금수저가 금수저로서 더욱 빛나기 위해서는 흙수저를 향해 자신의 빛깔을 조금씩 내어 줄 수 있는 마음을 지녀야만 합니다. 이것은 흙수저를 위한 길이기도 하지만 금수저 자신의 삶을 위한 길이기도 합니다.

금수저와 흙수저, 물질적 풍요와 빈곤, 이 극한의 대립 속에서 양자가 사는 길은 결국 자발적 나눔을 통해 정신과 육체의 빈 곳을 채워 주는 것밖에 없습니다. 그리고 이것이 바로 당신과 내가 지금 이곳에 함께하는 삶의 이유이고 목적인 것입니다.


## 자녀 교육

교육이 하는 가장 중요한 모순은 '나는 못했는데 너는 하라.'라는 지시와 명령입니다. 그리고 더욱 극한의 모순은 이러한 지시와 명령이 관심과 사랑이라는 잘못된 감정에 사로잡혀 끊임없이 주입되고 있다는 것입니다.

'나는 공부를 못했으니, 너만은 꼭 성공해야 한다.'

'나는 빈곤 속에 자랐으니, 너만은 꼭 풍요 속에서 살아야만 한다.'

'나는 젊은 날을 너무 생각 없이 살았으니, 너만은 꼭 멋진 꿈을 갖고 살아라.'

이러한 교육과 관심은 얼마 가지 못해 곧 반항으로 돌아오기가 쉽습니다. 그리고 이후의 모습은 '단절'입니다. 교육에 있어서 가장 중요한 것은 말없이 삶의 모습을 보여 주는 것입니다. 그리고 가장 즐겁고 행복한 모습으로 자신의 삶의 길을 묵묵하게 걸어가는 것입니다. 그 길이 바로 자녀를 위한 가장 훌륭한 교육의 지침이 됩니다.

이러한 단순한 사실 때문인지 자녀 교육은 늘 어렵고 힘든 수행의 길이 되는 것입니다.


## 사월의 풍경

사월입니다. 거리 곳곳에 흐드러진 꽃의 빛깔과 향기가 사람들의 눈과 발걸음을 붙잡는 계절의 여왕, 사월입니다. 사람들은 모두 다 이 짧은 순간의 빛깔을 가슴에 담으려 꽃이 있는 곳으로 떠납니다. 오랜만에 사람들의 얼굴과 눈빛에도 웃음이 가득 펼쳐집니다.

지난 시간의 아픔과 기억들은 모두 잊으라는 듯 서로가 꽃 속에 묻혀 사진을 찍으며 즐거운 순간을 노래합니다. 사람들의 모습을 보니 일 년 내내 사월처럼 꽃이 피어 있었으면 좋겠다는 생각이 듭니다.

그러자 떨어지는 꽃잎이 말합니다.

'그러면 나도 나무처럼 외면당할걸. 순간이기 때문에 아름다운 거야. 마치 너의 인생처럼.'


## 기억의 고착화

기억하는 것도 중요하지만 망각하는 것도 그만큼 중요합니다. 기억은 우리에게 추억이란 소중한 선물을 전해 주기도 하지만 아픔이란 절망적 상황을 전해 주기도 합니다. 그래서 우린 기억 속에도 '삭제하기'의 기능이 있기를 바랍니다. 지울 수 있다면 지우고 싶은 기억들은 모두 다 지우고 새롭게 사람과 풍경을 마주 보며 살아가 보고 싶기 때문입니다.

그런데 안타깝게도 우리의 기억 속엔 '삭제하기'의 기능보다 '복사하여 붙여 놓기'의 기능이 더 활성화되어 있습니다. 이런 이유 때문인지, 안 좋은 기억은 오래도록 가슴에 남아 무거운 짐이 되어 버립니다. 이러한 기억의 고착화 현상은 관계의 단절을 초래하고 사람과 풍경에 대한 이미지를 왜곡시킵니다. 좋은 말, 좋은 마음, 좋은 풍경 등이 마음에 울림을 전하지 못하게 됩니다.

따라서 할 수 있는 한 우린 이런 잘못된 기억의 고착화 현상으로부터 벗어나고자 하는 노력을 해야만 합니다. 그 노력의 첫 시작이자 마지막 완성은 기억의 고착화 현상을 일으킨 사람, 풍경 등과 더 자주 지속적으로 만나서 잘못된 기억의 풍경을 지워 나가는 것입니다.

일반적으로 안 좋은 기억은 그곳으로부터 사람을 멀어지게 만드는데, 이러한 멀어짐이 지속되면 더욱더 기억의 고착화는 심해지게 됩니다. 따라서 할 수 있는 한 가장 빨리, 그리고 자주자주 그 풍경과 만남 속으로 달려가야만 합니다. 그러다 보면 알게 됩니다. 그 사람도 당신을 그리워하며 당신에게 다가오고 싶었다는 사실을.


## 반항의 힘


'예'라는 말에 너무 귀 기울일 필요는 없습니다. 순종형인간이 늘 좋은 것은 아니니 당신의 마음이 맞지 않거나 옳지 않은 것이면 '아니요'라고 자신 있게 말하십시오. 당신에게 소중한 사람일수록 '예'라는 말보다는 '아니요'라는 말에 익숙해져야 합니다. 그래야 당신의 존재를 온전하게 감싸 안아 줄 수 있습니다.

그러니, 오늘부터라도 당장 아닌 것은 '아니요'라고 소리쳐 보십시오. 주변 사람들이 처음에는 당황하겠지만 그런 당황의 시작이 바로 당신의 가치를 알리는 것이니 계속 소리쳐 '아니요'라고 말하십시오. 그럼 알게 될 것입니다. 당신은 당신만의 개성과 가치를 지닌 소중한 한 사람이었음을.


## 뒷골목 정의론

미국의 정치철학자 왈처의 복합평등론처럼 돈을 가진 사람은 돈만 가지고 권력을 가진 사람은 권력만 가지고 재능을 가지고 있는 사람은 재능만 가지면 정말 좋은 세상이 될 수 있을 것입니다. 그런데 그런 사회는 불가능해 보입니다. 왜냐하면, 인간의 욕망은 그렇게 무지갯빛처럼 차례로 배열되어 있지 않기 때문입니다. 인간의 욕망은 검은 회색빛이어서 하나를 가지면 다른 것도 다 가지고 싶어 하게 마련입니다.

그래서 돈을 가진 사람은 권력을 갖고 싶어 하고, 권력을 가진 사람은 또 다른 그 무엇을 원하며 계속 욕망의 바다를 항해하게 됩니다. 그래서 우린 늘 정의에 목마르면서도 정의로운 세상을 찾지 못하는 것입니다.

## 사유의 의무

한나 아렌트는 말합니다.

"더불어 살아가는 삶 속에서 사유란 하지 않아도 상관이 없는 권리가 아니라 반드시 수행해야만 할 의무이다."

또 그는 우리에게 묻습니다.

"지금 당신은 근면과 성실이란 미명 아래 사유의 의무를 내버려 두고 있는 것은 아닌가?"

옳지 않음을 알면서도 어쩔 수 없었다고 그게 가장 최선의 방법이었으며 인간적인 선택이었다고 잘못된 행동 앞에 스스로를 위로하며 모면하고자 할 때가 있습니다. 그러나 그 옳지 않은 선택으로 누군가는 옳지 않은 이득을 봤으며 누군가는 억울한 손해를 보게 되는 것입니다.

'사유의 의무'

한 번 정도는 옳지 않은 것에 당당하게 옳지 않다고 말할 수 있었으면 좋겠습니다.


## 중심의 부재

중심이 사라지고 있다는 것은 내 안에, 집안에, 지역사회에, 국가에 큰 어른이 점점 사라지고 있다는 것입니다. 가치는 개성이라는 이름으로 포장되어 수많은 가치가 제각각 날개를 달고 옳음을 주장하고 있는데, 우리를 하나의 공동체로 안아 줄 큰 가치는 찾기가 어렵습니다. 내 안의 분열, 집안의 분열, 지역사회의 분열, 국가의 분열은 큰 가치의 부재로부터 시작됩니다.

큰 가치가 없다는 것은 곧 함께할 이유가 없다는 뜻이기도 합니다. 큰 가치가 없다는 것은 굳이 너의 도움이 없어도 나는 잘 살 수 있다는 이기주의, 원자화된 개인이 삶의 정답처럼 표류한다는 것입니다.

큰 가치를 찾아야만 합니다. 당신의 정체성을 지키면서 당신과 내가 보다 큰 하나가 될 수 있는 그런 큰 가치가 있어야만 당신의 눈물과 내 눈물이 보다 큰 강물이 되어 함께하는 세상을 만들 수 있는 것입니다.


## 희망의 날개

꿈꾸던 것이 이루어진 순간보다 꿈을 간직하며 살아가는 순간순간이 더 값지고 설레는 이유는 꿈꾸는 순간이 바로 우리 삶의 가장 큰 행복의 증표이기 때문입니다. 꿈꾸는 사람의 눈빛엔 생기가 돋아납니다. 그리고 꿈꾸는 사람의 발걸음에는 열정이 살아 꿈틀거립니다.

꿈은 결과를 위해 존재하는 것이 아니라 순간순간의 삶을 더 빛내기 위해 우리 곁에 있는 것입니다. 꿈꾸는 순간 당신의 가슴은 첫사랑의 여인을 만난 것처럼 부푼 사연들로 가득할 것이며 힘없는 발걸음엔 새로운 생기가 돋아날 것입니다.

## 4장

존재,

치유의 시작

# 자본주의와 대중성

자본주의 사회에서
인기가 있다는 것은
곧 부와 권력과
직결되는 속성을 지닌다

이러한 이유 때문일까
대중성은 작품성보다
늘 빠르게 많은 것들을
좌지우지하게 되는 것이다

누구나가 살아가면서 자신의 존재를 확인받고 싶어 하는 것은 인간의 근원적 욕구 속에 담긴 가장 절실한 소망이다. 우리는 잊히는 것을 두려워한다. 그리고 누군가의 기억으로부터 멀어진다는 것에 대해 그 어떤 것보다 심한 공포와 두려움을 느끼게 된다.

사람들의 관심은 잠들어 있던 영혼을 깨우는 촉진제 역할을 한다. 관심을 받고 누군가의 기억 속에 존재하게 된다는 것은 곧 내 삶이 존재한다는 근거이자 열정의 증폭제 역할을 한다. 그런데 타자의 기억 속에 각인된다는 것이 그렇게 좋은 것만은 아니다. 그 각인은 언제든지 다른 모습으로 변화될 수 있기 때문이다.

또한, 강렬한 각인조차도 오래가지 못해 결국 자기중심화의 논리에 묻혀 아무런 의미 없이 잊힐 수도 있다. 그러나 사람들은 이러한 습성을 분명히 알고 있으면서도 스스로의 삶의 가치를 타자를 통해 끊임없이 확인받고 싶어 한다. 그리고 만약 이러한 확인이 제대로 되지 않을 경우, 그 확인의 강도를 높이기 위해 다른 극단적인 선택을 하게 된다. 그러나 그러한 극단적 선택의 강도가 높아지면 높아질수록 결국 타자를 향한 스스로의 존재는 점점 더 멀어지게 된다.

대중성은 밀려오는 물결처럼 일시적 효과만 전한다. 그리고 대중성의 본질은 자아의 가치에 있기보다는 표피적 감정에 살

짝 없은 뜬구름처럼 잠시 공유하는 감각적 쾌락에 머물고 마는 것이 일반적 현상이다. 그런데 이러한 대중성은 인간들의 삶을 지배하고 정치, 경제, 문화 모든 곳에 스며들어 알게 모르게 사람들의 삶의 방향을 수시로 지배하고 있다. 유행, 트렌드, 통념적 가치라는 명칭 등으로 대중성은 지금 우리가 선택해야만 하고 따라야만 하는 삶의 중요한 가치가 되어 버린 것이다.

그러나 이상하게도 이러한 대중성에 길들여지면 길들여질수록 어딘지 모를 외로움과 소외감은 더욱더 깊어만 간다. 사람들을 만나고 그들이 공유하는 트렌드를 좇고, 같은 옷을 입고, 맛있다는 밥을 먹고, 같은 영화를 보고, 같은 여행을 하는데 공허함은 깊어만 가는 것이다. 똑같은 사람, 똑같은 물건, 똑같은 생각, 똑같은 취미 등은 점점 늘어만 가는데, 이상하게 '나'는 점점 없어지는 것이다.

자본주의라는 경제사상은 대중성과 결탁하지 않으면 결코 성공할 수 없다. 자본주의가 내세우는 경제성과 효율성은 결국 얼마만큼 더 대중성에 가까이 다가가느냐에 따라 달라진다. 따라서 자본주의 시장질서는 되도록 표준화된 대중성을 많은 사람이 공감하며 따라오도록 하는 데 거의 모든 것을 다 내던진다고 볼 수 있다.

자본주의 사회에서 외면받는 상품은 마치 가치 없는 존재로 취급받게 된다. 아무리 가치 있는 상품일지라도 대중들이 그 상품을 소비하려고 하지 않는다면 그것은 존재 가치를 지닐 수 없기 때문이다. 따라서 사람들은 너도나도 할 것 없이 가치를 묻기 전에 대중성을 먼저 따지게 되는 것이다.

몇 년 동안 힘겹게 책을 쓰고 수많은 출판사에 출간 의뢰 여부를 묻다 보면 하나같이 돌아오는 진실된 답변은 '당신의 책은 시장성과 대중성이 떨어져 우리 출판사에서는 출간할 수 없다'는 것이다. 작품성이 떨어져서, 당신의 능력이 부족해 출판을 못한다면 공감이라도 할 텐데 대중성과 시장성이 부족해 안 된다는 말 앞에는 이상하게도 깊은 공허함이 밀려오게 된다. 물론, 출판사도 결국은 이윤을 남겨야 생존할 수 있다는 사실을 부정하는 것은 아니다. 다만 최소한 예술의 영역만큼은 시장성과 효율성을 벗어났으면 하는 소망 때문이다.

베스트셀러라고 하면 작품의 가치를 묻지도 않고 구매하고 싶은 충동을 느낀다. 대중성이 뛰어난 인물이 쓴 책이라면 너도나도 책 앞에 머뭇거린다. 각종 온라인 매체에서는 가장 두드러진 모습으로 대중의 시선을 잡기 위해 많은 돈을 들여 광고를 한다. 그러다 하나둘씩 사람들의 시선을 잡는 순간 대중성은 폭발적으로 증가해 너도나도 할 것 없이 그것을 손에 쥐게 되는 것이다.

예술인들도 이제 더는 자본주의 시장 논리와 4차 산업혁명의 파도를 외면할 수 없어 대중성과의 승부수를 던지기 위해 인터넷 매체를 통해 본인의 작품을 소개하고, 노래를 하고, 사진을

올리고, 글을 쓰고 있다. 때때로 이러한 절박함은 '공감, 좋아요, 이웃 추가' 등에 작품의 가치보다 더 많은 노력을 기울이도록 만들고 있는 것이다.

이러한 시장 논리는 결국 우리의 삶 근원에까지 스며들어 삶의 가치를 지배하고 있다. 사람들은 대중적 가치를 얻기 위해 자기를 포장하고 꾸미고 좀 더 억지웃음을 지으면서 대중들 곁으로 다가간다. 자기의 본질은 숨긴 채 대중이 의식하는 좀 더 멋진 조각인형을 꿈꾸며 생의 많은 시간을 자본주의가 뿌려 놓은 상업화의 그늘에 맞춰 살아가게 되는 것이다. 화장을 하고, 남들이 멋있다고 평가하는 옷을 입고, 되도록 유행에 뒤떨어지지 않게 자기의 모습을 포장하면서 하루하루를 힘겹게 살아가고 있는 것이다.

자본주의는 생산성이 보장되지 않는 인간의 행위를 전부 무용지물로 여기게 만드는 무서운 습성이 그 안에 숨겨져 있다. 아무리 멋지게 무엇을 해 봐도 본인이 하고 있는 그 일이 막상 경제적 생산성이라는 수치로 드러나지 않을 경우 '쓸데없는 곳에 너무 시간 쓰는 거 아냐?'라는 답변으로 되돌아오게 만드는 것이다.

대표적인 사례가 바로 가사노동이다. 가사노동은 직장에서 하는 그 어떤 일보다도 사회의 공동체를 유지하는 데 있어서 중요한 가치와 의미를 지니고 있다. 그런데 사람들은 좀처럼 이러한 가사노동의 가치를 제대로 존중하거나 인정해 주지 않는다.

이것은 단순하게 가사노동을 바라보는 사람들의 가치관 차이 때문이 아니다. 자본주의 사회 내에서 가사노동이라는 것이 직장노동처럼 현금화되지 않기 때문이다. 만약 가사노동 자체가 현금화만 될 수 있다면 우린 지금처럼 그렇게 가사노동의 가치를 경시하거나 무시하지는 못할 것이다. 이러한 이유 때문일까? 페미니즘 운동의 핵심 분야 중 하나가 바로 가사노동의 분담이다. 가사노동은 더는 여성의 전유물이 되어서는 안 된다는 것이다.

그러나 이러한 논리에는 우리도 모르게 자본주의의 생산성과 효율성에 따른 직업적 서열 구조가 깊이 내재되어 있다는 사실은 모를 것이다. 만약 생산성과 효율성, 자본화가 사회의 중심에서 사라지고 안정화, 연대화, 공동화라는 가치가 중심 가치가 되어 간다면 가사노동의 가치가 지금처럼 무시받지는 않을 것이다.

자본주의 사회에서는 화폐를 얼마나 더 손에 쥘 수 있느냐에 따라 모든 것이 평가받게 된다. 결국 돈의 논리에 따라 가치가 지배받는 것이다.

나는 누구인가? 다시 근원적 질문으로 돌아와 본다. 부, 권력, 학벌, 여행, 사랑, 취미, 열정 등 수많은 가치 속에 융합된

나는 누구인가? 이런 내가 존재하는 이유는 나라는 존재가 만들어 온 사슬을 책임지고 유지하고 빛내기 위함인가?

결국 그렇다면 삶이란 나 아닌 다른 그 무엇에 의해 지배되고 결정되는 수단적 존재인가? 마치 나무인형을 만들고 그 인형에 옷을 입히고 보석을 채워 주며 예쁘게 웃는 모습을 위해 그토록 힘겨운 실존의 무거운 짐을 짊어지고 살아가야만 하는 것인가?

비가 내린다. 빗속에 잠겨 있는 사람들의 검은 눈빛이 유리빛처럼 투명하게 빗물을 타고 튀어 오른다. 오늘도 어김없이 서른 명이 넘는 사람이 극단적 방법인 자살을 통해 생을 마감하고 있다. 이 속에서 존재하며 같은 하늘을 보고 빈 하루를 공존하고 있는 나는 지금도 누군가의 눈빛이 그리워 무엇을 찾는다. 혼자 하는 깊은 외로움이 지속될수록 자본주의의 상업화에 물든 대중의 달콤한 속삭임과 위로가 그리워진다.


자본주의 사회에서

대중성은

결국 돈이고 상품이다

대중성은 마치 파도와 같아

한번 그 물결을 일으키면

너도나도 대중성의 흐름을 타고

묻지도 않은 채

그곳에 안착하게 된다

그리고

파도가 멈출 즈음

각자 어느 빈 해변에

쓸쓸하게 버려져

홀로 존재하게 되는 것이다

# 여행이라는 낯선 발걸음

여행이란

지친 삶을 달래기 위한

쉼의 시간이기에

화려하고

빛나기 위한 것이 아니라

소박하고

덜어 내기 위한

몸짓이 되어야 한다

———— 나를 찾아서, 마음 여행

여행이란 관계적 · 사슬적 존재로서의 모습으로부터 벗어나 되도록 순백의 나와 마주할 수 있다는 점에 깊은 의의가 있다. 되도록 멀리, 이전의 '나'라는 한 존재를 모르는 곳으로 떠나면 떠날수록 '나'는 더욱더 '나'와 가까워진다. 그곳에서 마주하는 나는 더는 그 누군가가 강요하고 요구하는 내가 아니라 내 본모습이 바라고자 하는 나의 모습인 것이다.

여행은 되도록 동행자가 없을수록 좋다. 동행자가 있다는 것은 아직 내 자신을 온전하게 낯선 곳에 풀어놓을 수 없게 만든다. 물론 누군가와 함께 하는 여행은 조금 덜 외롭고 조금 더 유쾌할 수는 있지만 결국 관계적 사슬의 연장선 속에 존재하는 여행이 되기에 자신의 본질을 찾고 내면 자아를 구출하기에는 한계점을 지니게 된다.

여행의 장소는 중요하지 않다. 홀로 어딘가로 떠난다는 것은 이미 그 자체로 스스로와의 만남을 준비하고 완성하는 것이기 때문이다. 굳이 먼 해외로 나갈 필요도 없다. 물론, 경제적으로 여건이 된다면 좀 더 자신을 낯선 곳에 내던질 수 있는 장소가 좋을 수도 있다. 그러나 그것이 꼭 필수 조건은 아니다. 우리나라의 곳곳에도 얼마든지 내 삶을 성찰하고 나에 대해 되돌아볼 수 있는 좋은 곳은 많기 때문이다.

낯선 시장도 좋고, 바닷가도 좋고, 산도 좋다. 버스를 타고 가도 좋고, 자전거를 타고 가도 좋다. 아니면, 무작정 맨발로 걸어가도 좋다. 익숙한 환경에서 벗어나 낯선 환경에 처한다는 것은 그 자체로 새로운 숨결을 맞이할 준비가 되어 있다는 것이 기에 그 무엇도 장애가 되지 않는다.

특히 전국 곳곳에서 사람들이 가장 분주하게 오고 가는 재래시장을 방문하는 것은 삶에 대한 새로운 성찰을 하는 데 많은 도움을 준다. 시장에 가면 단순하게 상품만 있는 것이 아니라, 사람이 있고 정이 있으며 관계와 어울림이 공존한다. 시장은 단순하게 제품이 화폐에 의해서 교환되는 자유시장의 질서만 존재하는 것이 아니라 사람과 사람 사이에 만남과 나눔이 공존한다.

따라서 시장에 머물다 보면 상품을 보기에 앞서 사람의 호흡과 숨결을 먼저 느끼게 된다. 백화점이나 마트는 단순하게 상품과 화폐의 가치만이 진열대에 냉정하게 전시되어 있지만, 시장에 가면 먼저 사람들이 존재하고 그 뒤에 상품과 화폐가 존재하게 되는 것이다.

시장에는 잃어버린 삶의 친밀한 숨결이 공존하고 있다. 두부, 젓갈, 시금치, 오이, 감자, 대파, 막걸리, 순대, 마늘, 고추, 배추, 무 그리고 할머니, 젊은 청년, 아주머니, 너와 나 등이 함께한다. 어디 하나 의미 없는 것이 없다. 그곳에 있는 것은 지금 우리의 생존을 위해 반드시 우리가 곁에 두고 함께해야 하는 것이다.

그리고 시장에 있는 물건에는 정확한 가격표가 붙어 있지 않다. 부르는 게 값이요, 흥정이 노래가 된다. 가격을 깎아 주지 않아도 좋지만 '더, 더, 더'를 외쳐 본다. 그 순간 가격이라는 교환가치는 사라지고 눈빛과 눈빛 속에 정이 오간다. '좋다'라는 당신의 숨결에 비닐봉지 속에 '덤'이 들어가게 되는 것이다. 이러한 '덤'은 그냥 내던지는 것이 아니라 함께 살아가고 있다는 동반자로서 삶의 표현이다. 곁에 아이라도 있으면 아이 손에 또 다른 뭔가를 쥐여 주곤 한다. 아이는 그 순간 마트에서 가격표에 맞춰 물건을 고르던 눈빛과는 다른 시선으로 세상을 이해하며 좀 더 포근한 눈빛을 간직하게 되는 것이다.

시장에 가면 천천히 하나하나의 물건에 시선을 둔 채 걷고 싶어진다. 그곳엔 생존을 재촉하는 빠름은 존재하지 않는다. 그리고 엄격하게 분리된 공간의 벽이 없다. 어느 정도는 다른 사람의 갑판에 내 상품을 진열해도 좋다. 그 정도의 여유와 품격은 '정'과 '쉼'을 전해 주는 공간인 것이다.

낯선 지역에 가서 그 지역을 알고 싶으면 시장에 가 보라는 말이 있다. 시장은 지역의 모습과 삶을 고스란히 반영하고 있기 때문이다. 따라서 시장에 머물다 보면 그동안 살아온 삶의 모습이 사람들 사이에서 하나둘씩 돋아나게 되는 것이다.

여행은 수없이 많은 풍경과 사람을 아무런 장애 없이 만나게 해 주는 힘이 있다. 그 속에서 나는 타자로 엮인 거울자아가 아니며 타자와 동등하게 순간을 함께하고 있는 동반자가 된다.

따라서 애써 자신의 모습을 관계의 틀에 맞추어 포장할 필요는 없다. 본인의 마음이 가자는 대로, 발길이 머무는 대로 이곳저곳을 바람처럼 누비면 되는 것이다. 그러한 자유로움은 곧 자신의 본모습에 대한 성찰로 이어지게 되며 벽을 두고 바라본 사람들 간의 관계에 새로운 빛을 부여하게 되는 것이다.

여행을 하다 보면 그동안 만나 보지 못했던 수많은 사람과 마주치게 된다. 일상의 삶 속에서 관계는 스스로가 만들어 놓은 틀 속에 고정된 채 그 틀의 유지만을 위해 살아가게 된다. 가정에서의 나, 직장에서의 나, 자식으로서의 나, 친구로서의 나는 있지만 진정한 나는 없는 것이다. 그러나 여행은 이러한 '나'를 버리고 그저 아무 틀과 책임이 없는 순백의 나를 맛보게 해 준다.

찢어진 청바지를 입어도 좋고, 목걸이를 하나 걸쳐도 좋다. 가다가 힘들면 길가에 앉아 멍하니 사람들의 움직임을 바라봐도 좋다. 배가 고프면 허름하게 생긴 국밥집에 들어가 할머니의 인생 이야기와 함께 긴 밤을 보내도 좋다. 노래가 듣고 싶으면 아무 곳이나, 내가 원하는 그 노래를 들으며 발길을 돌려도 좋다. 강이 좋으면 강변에 머물고, 산이 좋으면 정상을 향해 정신없이 오르면 된다.

낯선 이에게 길을 묻고 낯선 이에게 감사함을 전하고, 또 낯선 이에게 행복을 전하며 짧은 노래를 불러도 좋다. 가끔 아이들의 놀이가 궁금해 그 속에 껴 공도 차 보고 고무줄놀이도 해 보며 숨바꼭질을 해 봐도 좋다. 아니면, 바닷가 선창에 머물면서 오고 가는 고깃배에 시선을 고정시킨 채 밤새 희망의 밤바다를 향해 망상에 잠겨 있어도 좋다. 당신의 마음과 발길이 허락된다면 이 모든 것은 바로 당신 삶의 소중한 울림이기 때문이다.

여행 중에 만났던
낯선 사람과의 만남이
세월이 지나도
오래도록
기억 저편에서
희망의 울림을
전해 준다

# 4차 산업혁명의 변화

변화와 진보는

그 안에 늘

함정을 지니게 된다

변화가 진보가 되느냐,

퇴보가 되느냐 하는 것은

그 변화를 걸러 낼 수 있는

윤리적 틀의

존재 유무에 달려 있을

것이다

4차 산업혁명이 시대적 화두가 되고 있다. 세계경제포럼의 창시자 중 한 명인 클라우스 슈밥이 2015년에 처음 이 단어를 사용할 때만 해도 4차 산업혁명이란 그저 낯선 미래의 일로만 생각했다. 그러나 코로나19라는 전 지구적 팬데믹 상황을 겪으면서 멈춰 버린 3차 산업의 구조를 4차 산업으로 빠르게 재편하는 과정을 통해 4차 산업의 미래 풍경을 보게 된 것이다.

학교, 기업 등 대면적 공간만으로 이루어질 것 같은 교육과 산업이 비대면 속에서도 얼마든지 가능할 수 있음을 지켜보면서 어쩌면 미래 사회의 모습은 인간과 인간의 대면 속에 이루어지는 것이 아니라 인간과 컴퓨터, 인간과 인공지능, 인간과 정보 속에서도 충분하게 가능할 것이라는 기대와 우려를 낳게 된 것이다.

인공지능, 자율주행차, 사물인터넷, 유전자 재조합기술, 빅데이터, 드론, 5G, 나노기술 등 4차 산업혁명의 핵심 기술이라는 거대한 물결이 지금도 곳곳에서 서서히 밀려오며 세상의 구석구석을 변화시키고 있다. 자율주행차의 신기함과 설렘을 맛보기 전에 벌써 상상 속에서나 꿈꿀 수 있는 플라잉카가 등장했다. 생명공학의 기술 또한 놀랄 만큼 발전하여 이제 질병은 치료가 아니라 미리 진단하고 예방하는 관념으로 변해 가고 있다.

유전자 가위기술의 발전은 앞으로 미래 사회에 생명공학의 기술을 어떻게 변화시켜 놓을지 두렵기까지 하다. 미국 캘리포

니아 대학교 제니퍼 다우느나 교수는 2012년 게놈 편집 방법인 CRISPR-CAS9라는 기술을 개발하였다. 이것은 3세대 유전자 가위로 불리는데, DNA의 특정 염기서열을 인지해 해당 부위의 DNA를 절단하는 것을 말한다. 이 기술이 상용화될 경우, 농축 산업에서의 종자개량의 활성화는 물론 멸종동물 복원, 유전자 희귀병 치료, 동물 장기 이식, 암 치료 등 다양한 분야에서 혁명적인 물결이 일어나게 될 것이다. 나아가 '맞춤형 아이 생산'이라는 극단적인 상황도 보게 될 것이다.

AP통신과 중국 현지 언론 등 외신들에 의하면 29일 중국 선전 남방과학기술대학의 허젠쿠이(賀建奎) 교수는 지난 26일 유전자 편집기술로 탄생시켰다 밝힌 여자 쌍둥이 외에 또 다른 유전자 편집 아기가 나올 수 있다고 밝혔다. 앞서 허 교수는 제2회 국제 인류유전자편집회의 개회를 하루 앞둔 26일, 유전자 가위를 이용해 후천성면역결핍증(AIDS)을 일으키는 HIV 바이러스의 감염을 방지하기 위해 특정 유전자를 제거한 여자 쌍둥이를 출산하는 데 성공했다고 주장했다. 허 교수의 연구팀은 불임치료를 받던 부부 7쌍에게서 배아를 얻어 연구에 이용해왔으며, 이는 남방과기대의 허가를 얻고 한 연구가 아니었던 것으로 알려졌다.

– 이현우 기자,
〈中 유전자 조작 아기 탄생, '제조인간' 시대 도래하나… 영화 '가타카'가 현실로?〉,
아시아경제, 2018.11.29.

이러한 4차 산업혁명의 변화는 거대한 산업의 구조는 물론 작은 우리의 일상조차도 이전과는 다른 모습으로 변화시키고 있다.

아침에 일어나면 늘 문 앞에 배달되던 신문이 점점 사라지고 있고, 극장에 가 영화를 보며 팝콘을 먹던 추억도 이젠 넷플릭스를 통한 집 안의 문화로 변해 가고 있다. 또한, 사람들이 마주하고 이야기하며 삶의 대부분을 대면 속 만남을 통해 살아가던 것이 이젠 인터넷이라는 비대면 공간 속으로 많은 것을 넘겨주게 된 것이다. 그리고 이러한 비대면 공간 속에 적응하지 못하거나 어울리지 못하는 사람들은 점점 더 깊은 소외감에 빠져들게 되는 것이다.

경제적 생산성 또한 인터넷이라는 공간을 통해 산출되는 양이 기하급수적으로 증가하고 있다. 무겁고 거대한 상품을 더 많이 판매해야 이득을 얻는 산업 방식에서 벗어나 무형의 정보기술이 우리 삶의 경제를 지배하고 있는 것이다.

그리고 일상의 모든 곳에서 많은 사람에게 가장 뜨거운 사랑을 받고 있는 스마트폰은 거의 우리 삶의 대부분을 통제하고 있다. 스마트폰 하나만 있으면 경제, 문화, 교육, 산업, 취미 등 모든 것을 다 해낼 수 있을 정도로 스마트폰은 더없이 중요한 매체가 되었다.

그러나 어떤 기술이든지 기술은 양면성을 지니고 있다. 우리 삶을 편리하게 만든 만큼 기술은 그에 맞먹는 부작용과 해악을 주는 것이다. 따라서 우린 변화에 무조건 추종하기보다는 그 변화가 가져올 기술의 사용에 대해 냉철한 가치판단의 자세를 가져야 한다. 독일의 생태철학자 요나스의 지적처럼 윤리적 공백에 대해 책임 있는 자세로 성찰하지 못한다면 인류는 커다란 불행에 직면하게 될 것이 분명하기 때문이다.

어쩌면 1998년 개봉한 SF 영화 〈가타카〉 속의 세상이 정말 현실화될지도 모른다. 만약 그런 날이 온다면 그것은 과학기술의 축복이기보다는 신이 정한 창조의 법칙이 모두 깨진 채 인간이라는 존재가 인공지능보다 못한 존재가 되어 지구에서 영원히 추방될 수 있을지도 모른다.

기술이 발전할수록 기술 의존형 인간은 증가할 수밖에 없다. 그리고 이러한 기술 의존이 심화될수록 인간과 인간의 만남을 통해 얻게 되는 소중한 가치가 점점 멀어질 것이다. 얻는 것이 있으면 잃는 것도 있기에 기술의 발전을 부정적으로 봐서는 안 된다는 관점도 있지만 기술은 '얻는 것을 위해 잃는 것을 포기해야 하는 것'이 아니라 되도록 '잃지 않고 얻는 것을 지향해야' 하는 것이다. 그래야지만 기술은 인간 삶의 희망이고 꿈이 될 수 있는 것이다.

또한, 기술은 절대 자본주의의 경제 논리로만 움직여서는 안 된다. 기술을 선점해야지만 미래 사회에 경쟁력을 지닐 수 있다는 논리를 바탕으로 기술 개발에 대한 가치판단을 희석시켜

서는 안 되는 것이다. 4차 산업혁명 시대에 기술개발에서 중요한 것은 경제 논리가 아니라 '가치문제'가 되어야 한다는 것이다. 최첨단 기술이 등장하는 지금의 현실 속에서도 멈출지 모르고 계속 경제 논리로만 각종 산업에 대한 계획을 편성하게 된다면, 〈가타카〉와 같은 불행한 현실을 우리 앞에서 직면하게 될지도 모른다.

기술은 결국 그 무엇이 아닌 인간을 위해 존재한다. 인간을 위해 존재하지 못하는 기술은 인간에 의해 개발되어서는 안 되는 것이다. 그리고 이러한 기술이 인간의 삶과 조화를 이루기 위해서는 기술 개발이 두려움과 공포가 아닌 행복과 희망을 전해 줘야 한다.

인공지능과 나, 이 둘 사이의 간격은 분명 미래 사회에 우리가 직면하게 될 중요한 화두가 될 것이다. 어쩌면 지금보다 더욱더 자신의 가치를 찾기 위해 분주하게 움직이지 않는다면 나라는 존재도 결국 기술의 한 부분이 되어 움직이게 될지도 모른다. 인간보다 더 인간화된 로봇이 더 인간처럼 거리를 돌아다니고 사람을 만나고 공부를 가르치고 환자를 진료한다면, 그곳에 인간이라는 존재는 더는 설 곳이 없어지게 될지도 모른다.

결국 4차 산업혁명의 미래는 그 기술을 얼마나 인간화하여 우리 곁에 두느냐에 달려 있다. 따라서 기술 앞에 우린 늘 참된 인간의 모습이 무엇인지에 대해 성찰하는 자세를 지속해야만 할 것이다. 그래서 기술이 기술만능주의에 빠지지 않도록 늘 가치판단의 자세를 가지고 인간의 삶과 조화될 수 있도록 해야 할 것이다.

기술의 가치는
기술이 결국 인간화의
길을 걷게 될 때
의미가 있는 것이다

기술이 인간을 넘어
인간을 지배하게 되는 순간
기술은 더는 기술이 아니라
우리 사회의 재앙이 될 뿐이다

——— 나를 찾아서, 마음 여행

# 상처에 대한 유감

상처는
아픔이기에 앞서
어쩌면
신이 주신
더없이 고마운
선물일지도 모른다

이 세상에 상처가 없는 사람은 없다. 누구나가 삶을 지속하고 있는 이상 상처는 늘 발생하고 그 상처와 함께 하루하루를 공존하면서 살아가고 있는 것이다. 상처 속에는 한 사람의 영혼의 모습이 투영되어 있다. 상처를 쉽게 받는 사람도 있고, 상처를 잘 받지 않는 사람도 있다고 하는데, 그건 틀린 말이다. 누구나가 다 상처는 똑같이 받으며 살아간다. 다만 그것을 어떻게 공유하고 표현하며 위로받느냐에 따라 상처의 질과 양이 달라지는 것이다.

상처에 쉽게 무너지는 사람은 어려서부터 이러한 상처를 누군가와 공유하고 함께 나누는 시간을 갖지 못한 채 오직 자신의 내면의 짐으로만 여겨 온 경우가 많다. 반면에 상처에 의연하게 잘 대처하는 사람은 항상 그 옆에 상처를 보듬고 이해해 줄 누군가가 존재하고 있다. 따라서 상처는 받지 않는 것보다 누구와 함께 상처를 치유하고 살아갈 것인지가 중요한 문제가 되는 것이다.

살아가는 일은 상처와 함께하는 일인지도 모른다. 그러나 사람들은 좀처럼 타인의 상처에 진심으로 관심 갖는 것을 꺼린다. 상처를 보듬어 준다는 것은 본인 또한 그 상처와 하나가 되겠다는 영혼의 교섭이어야 하는데, 갈수록 이러한 교섭의 장이 흔들리고 있는 것이다. '각자도생'이라는 개인주의적 사고방식이 갈수록 각박한 사회의 생존이념이 되고 있는 것이다.

어려울수록 함께 보듬고 나아가야 그 어려움을 극복해 갈 수 있다는 협력적 방안에서 벗어나 이젠 그러한 협력과 공생의 가치조차 생존의 어려움이 너무 깊어 아무런 울림을 전하지 못하고 있다. 나조차 살기가 힘든 상황인데 어떻게 남을 돌보고 다른 사람에게 관심을 갖느냐 하는 울림이 곳곳에 가득하게 퍼지고 있는 것이다.

협력과 공생의 가치가 무너지고 사람들이 모두 제 갈 길만을 정답인 것처럼 걸어갈 수밖에 없는 사회에는 희망이 없다. 순간적인 효율성은 다소 상승할지라도 이러한 사회는 결국 모두가 자멸하게 되는 현상을 맞이하게 되는 것이다.

경쟁이 빛을 발하기 위해서는 반드시 공생과 협력을 바탕으로 한 경쟁이 되어야만 한다. 그래야만 사람들은 경쟁의 승자 앞에 당당한 축배를 올리게 되는 것이다. 그러나 이러한 공생의 조건이 갖추어지지 않은 채 '나만 혼자 잘살겠다'는 논리를 바탕으로 경쟁의 논리 앞에 다가가면 그 경쟁은 결국 약육강식의 논리에 따라 혼자만 잘살기 위해 각종 투기와 불법이 난무하는 경쟁이 되는 것이다.

코로나19라는 시대적 암울함으로 인하여 청년 실업이 증가하고 수많은 자영업자가 길 위로 쫓겨나고 있는 상황이다. 수없이 많이 넘어지고 아파하면서 힘든 상황을 극복하는 과정을 통해 내성을 쌓고 더 큰 희망을 키울 수 있다는 논리는 이제 그들에게 더는 통하지 않는다. 죽을 만큼 힘들게 노력하고 넘어져 봐도 희망은 보이지 않고 삶의 격차만 더욱더 멀어지고 있는 것이다.

상처와 어려움은 신이 주신 공생을 위한 선물일 수도 있고, 모두의 자멸을 위한 신의 재앙일 수도 있다. 그리고 이러한 상처가 선물이 될지, 재앙이 될지는 인간의 선택에 달려 있다.

상처의 어루만짐은 인간의 자생적 눈물의 가치를 더욱더 증폭시키는 효과가 있다. 죽을 만큼 힘들고 어려운 상황에 빠져서 바닥을 힘겹게 지탱하고 있을 때, 누군가가 다가와 자신의 일처럼 따뜻하게 어루만지며 격려하고 힘을 내라고 말해 준다면 인간의 눈물은 공생을 위해 더욱더 깊은 의미를 지니게 되는 것이다.

인간이라는 존재는 본성상 다른 누군가와 함께 존재할 수밖에 없는 사회적 존재로 태어나고 성장하게 된다. 이러한 사회성이 충분히 충족되지 못하고 차단된 채 공유할 수 있는 마음이 길을 잃을 경우, 우리는 절망하고 아파하게 되는 것이다.

물질적 가치, 권력, 명예 등은 모두 인간이 있기에 가치가 있는 것이다. 이것을 위해 인간의 가치를 상실하거나 잃어버려서는 안 된다.

어려운 상황일수록 더욱더 타인의 상처와 눈물에 관심을 가져야만 개개인의 삶은 물론 사회 전체도 온전하게 돌아갈 수 있다. 그리고 바닥에서 절실하게 외치는 사람들의 상처와 눈물은 더욱더 깊게 새겨듣고 꼭 응답해 줘야만 한다.

강자는 힘들고 어려울 때 수많은 사람이 그 옆에 붙어서 도움을 주려고 하지만, 약자는 가진 게 아무것도 없기에 누군가에게 부탁하는 그 간절함을 절대 외면해서는 안 된다. 약자의 눈물 앞에 더욱더 깊은 공감을 다해 어루만져 주는 사회가 될 때, 우린 비로소 더불어 하나가 되어 너와 나의 삶 앞에 진실하게 응답할 준비가 되어 있는 것이다.

영국의 철학자 흄은 인간의 마음 속에 담겨져 있는 공감에 대해 다음과 같이 말한다.

"우리 영혼 속에는 하나씩 현악기가 있다. 어떤 이의 마음속 현이 울게 되면, 그 현과 같은 진동 주파수를 가진 우리 영혼의 현은 그 울음에 응답하여 울리게 된다. 나와 상대의 현이 멀리 떨어진 두 사람 사이에 공명을 일으키는 것이다. 이것이 바로 우리 영혼의 공감이다."

상처가
상처일 수밖에 없는 이유는
상처를 받았기 때문이 아니라,
상처를 함께할 누군가가
곁에 존재하지 않기 때문이다.

# 시를 통한 마음 여행

어느 날 갑자기

버려진 한 줄의 문장이

죽음 앞에서 새로운 삶을

살게 할 수도 있다는,

그 분명한 진실이

오늘도 수많은 작가들을

원고지 속에 머뭇거리게 만든다

"슬퍼하는 자는 복이 있나니, 슬퍼하는 자는 복이 있나니, 슬퍼하는 자는 복이 있나니, (중략) 저희가 영원히 슬플 것이오."라는 윤동주의 〈팔복〉을 주술처럼 외우면서 걷던 시절이 있었다. 다른 그 무엇도 처해 있는 상황에 쉽게 위로를 전하지 못하고, 미친 듯이 소리를 질러 봐도 가슴 한쪽에 쌓인 답답함이 가시지 않던 시절, 윤동주의 〈팔복〉 앞에서 삶의 큰 위로를 찾고 다시 한번 걸어 보자고 다짐할 때가 있었다.

늦은 밤 모든 일이 뜻대로 풀리지 않고 왜 내 삶만 자꾸 이렇게 머피의 법칙처럼 안 풀릴까라는 생각 때문에 힘들 때면 곽재구 시인의 〈사평역〉에 나오는 "산다는 것이 때론 한 광주리의 사과를 만지작거리며 귀향하는 기분으로 침묵해야 한다는 것을 모두들 알고 있었다."라는 구절을 외워 대며 어렵고 힘든 상황을 위로와 감사 속에서 걸어가야 하는 법을 터득하게 되었다.

시란 그런 것이다. 낯선 종이 위에 쓰인 몇 줄의 글이 누군가에겐 때때로 새로운 삶을 살게 만들고, 또 누군가에겐 잃어버린 추억을 선물해 주기도 하며, 또 누군가에겐 삶의 진정한 가치가 무엇인지를 깨닫게 해 준다.

그러나 요즈음 우린 이러한 시의 품 안에서 너무나 멀리 떨어져 살고 있다. 어쩌면 이러한 멀어짐은 매체의 전환에 따른 숙명적 변화의 움직임일지도 모른다. 늘 감각을 자극하고, 욕망을 꿈틀거리게 만드는 화려한 매체 앞에 숨죽일 듯 미세한 언어로 가슴을 적시는 시의 울림이 멀어지는 것은 당연한 현상일지도 모른다.

그러나 이러한 멀어짐이 단순하게 매체의 변화에 따라 더 나은 삶을 살기 위한 몸부림이 아니라 인간이 가진 정신적 가치를 상실하게 만들고 기계화, 욕망의 노예화, 부의 제국화의 길을 재촉하는 길이라면 한 번쯤은 시의 숨결 앞에 빈 마음을 적셔 보는 것이 필요할 것이다.

전업 작가, 성공한 시인의 한 달 수입이 백만 원도 안 되는 현실 속에서 시라는 것은 어쩌면 생존을 위한 문학적 가치를 상실했다고 볼 수 있다. 애써 이러한 논리를 부정하고 싶겠지만 자본주의 사슬 속에서 경제력이 보장되지 않는 활동은 더는 그 작업을 지속할 수 없게 만든다. 그럼에도 불구하고 오늘도 수많은 작가가 '천형(天刑)'이라는 슬픈 이름을 사명으로 삼고 그 길을 가고 있는 것이다.

최근에 읽고 있는 이근영 시인의 삶과 글은 이러한 문학적 풍경을 잘 보여 준다. 그는 10대 때부터 글을 써 왔고, 지금은 오십을 바라보지만 아직도 무명작가다. 그러나 시에 대한 열정과 작업은 늘 지속되고 있고, 아직도 시를 통한 인문학적 가치의 소중함에 대해 미련을 버리지 못하고 있다.

그의 시에는 가난한 자의 삶의 풍경이 들어 있고, 고뇌하는 자의 아픔이 담겨 있으며, 살아가야 할 존재의 의미에 대한 성찰이 담겨 있다. 그의 오래된 핸드폰 속에서 잔잔한 음성이 들

려올 때마다 요동치는 문학적 숨결과 현실의 부조화는 늘 같은
시대를 살아가는 문학적 동지로서 삶과 시에 대한 성찰을 멈추
지 못하게 만든다.

세월호 속의 아이들이 다시 못 올 세상으로 떠난 이유가 아, 그
래, 우리에게, 나에게 있었구나.

– 〈심폐소생술〉

이혼한 부모에게 버림받고 동생과 단둘이 산다는 걸 비로소 안
날, 위로한답시고 건넨 술잔, 너는 아무 말없이 술만 들이켜다 저만
치 달빛 쏟아지는 언덕 위 스무 살도 안 된 청춘을 게워 내고 있었다.

– 〈한풍루에서〉

폐업, 저 낱말들을 붙이기까지 주인아저씨의 얼굴은 언제나 흙
빛이었다. 흙으로 태어나서 흙으로 돌아가는 인생, 반값도 안 되
는 누추한 인생의 막바지에 폐업, 마지막 딱지를 스스로 붙였다.

– 〈폐업〉

뿌리를 다 뽑아내고서야 볼 수 있었다. 담쟁이덩굴, 그 질긴 삶
이 만든 실금들, 그 틈으로 뼛속까지 사무쳤을 찬바람들, 그렇게
네 삶은 실금만 가득한 담벼락이었다.

– 〈겨울 담쟁이〉

주인집 개는 교회 종소리가 울리면 그 소리를 향해, 하늘을 향해, 울부짖고는 했다. 무엇이 그 녀석의 마음을 잡아 흔드는 것일까. 금방이라도 뛰쳐나가고 싶어 하는 녀석은 제 목에 감겨 있는 개줄 때문에 발버둥만 치다가 그대로 주저앉아 버리곤 했다.

— 〈자취〉


내가 던진 돌멩이 하나가 누군가의 삶 저 끝까지 물결이 되어 흘러가리란 것을, 누군가는 평생 가슴에 품고 살아갈 것이라는 것을, 깊은 눈으로 바라보고 있습니다.

— 〈벽남제〉
이근영 시인이 쓴 《심폐소생술》 시집에서.


시의 가치가 자본의 권력 속으로 매몰될 수밖에 없는 사회는 더는 희망을 노래하지 못하는 사회가 될 것이다. 부와 화폐는 본래 인간 사이에 필요한 가치를 교환하기 위해 등장한 하나의 수단적 가치에 불과하다. 이러한 가치가 교환적 가치의 의미를 넘어 모든 가치를 조종하는 위치에 서게 된다면 더는 그곳에 시도 예술도 인간도 온전하게 설 수 없게 되는 것이다.

자본주의의 진정한 인간화를 위해서는 단순하게 부의 재분배 문제만을 관심의 대상으로 삼는 것에서 나아가 문학과 예술 분야에 대한 진정한 관심과 지원이 필요하다. 문학과 예술은 자본으로 얼룩진 사회의 모난 구석을 정화시켜 주는 역할을 한다. 따라서 건강한 자본주의 사회라면 경제가 발전하면 발전할수록 아울러 문학과 예술 또한 더욱더 발전하게 되는 것이다.

그렇지 않고 모든 것이 돈에만 종속된 채 돈의 노예화로 전락하여 오직 '교환가치, 상품가치'만이 지배하게 된다면 그러한 세상에 인간을 포함한 모든 존재는 그저 또 하나의 부를 위한 수단적 존재로 전락하고 말 것이다.

한 편의 시가 때때로 죽어 가는 누군가에게 새로운 삶을 살게 만들고 잘못된 제도와 사상을 뜯어고치도록 울림을 전하며 각자도생이라는 이기적 현실을 상생의 공동체로 뒤바꾸는 동력제가 될 수 있다는 분명한 진실을 알게 된다면, 시의 가치를 단순하게 경제적 차원으로만 환산하여 그 가치를 논할 수는 없을 것이다.

경제력을 벗어나, 경쟁을 벗어나, 권력을 벗어나, 학교와 직장, 공원에서 시를 읽는 사람들이 많아질수록 사회는 그만큼 풍요로워지고 관계는 아름다워질 것이다. 왜냐하면 이러한 풍요로움과 아름다움의 가치는 부, 권력, 소비가 전하는 순간적인 달콤함에 비해 지속적으로 우리의 영혼을 풍요로움 속으로 인도하기 때문이다.

## 기다림의 미학

어려서 어머님은 늘 사람은 참을 줄 알아야 한다고 말씀하셨습니다. 참고 기다리면서 자신의 가치를 더욱더 드높여야만 큰 선물을 얻게 된다고 말씀하셨습니다. 그래서 참고 또 참았습니다. 아이스크림 하나를 먹기 위해 하루의 자유를 참았고, 자전거 하나를 얻기 위해 1년을 참았고, 통기타 하나를 얻기 위해 2년을 참았으며, 내 방 한 칸을 얻기 위해서 5년을 참았습니다.

참다 보니 참는 것이 습관이 되어 모든 것은 기다림 뒤에 온다는 것을 깨닫게 되었습니다. 그런데 요즘엔 참지 말라고 합니다. 참지 말고 네가 원하는 것을 얻기 위해 바로바로 모든 것을 행하라고 합니다. 어른도 아이도 기다리거나 머무를 줄 모른 채 그냥 생각대로 돌진만 합니다. 그러다 보니 모두 각자의 목적과 방향만 중요할 뿐 다른 무엇을 생각하지 않습니다. 돌진하는 나만 있을 뿐, 기다림의 미학이 없는 것입니다.

## 상처의 몸부림

레쉬 니한 증후군은 몸에 자극이 와도 고통을 느끼지 못하는 질병이다. 이 질병의 환자 중에서 어떤 이는 손가락 마디가 점점 사라진다. 손가락을 깨물어도 아프지 않으니 자꾸 물어뜯다가 손마디가 뭉개지는 것이다. 이로 입술을 뜯다가 입술 일부분이 잘려 나가기도 한다. 통증에 대한 자각이 없어 대개 스무 살 이상 살지 못한다고 하니 얼마나 무서운 병인가. 통증이란 센서다.

– 김형철의 《철학의 힘》에서 인용함.

이 세상에 상처 없는 삶은 없습니다. 상처는 어쩌면 작가의 말처럼 우리 삶을 온전하게 엮어 나가기 위한 센서일지도 모릅니다. 만약 그 센서가 작동하지 못하면 우리 삶은 한순간에 와르르 무너지고 말지도 모릅니다.

살아간다는 것은 상처의 연속입니다. 그리고 그 상처는 내 삶을 지키기 위한 최소한의 반응이니, 상처 앞에 절망하지 마시고 더 큰 희망의 눈빛으로 상처를 보듬어 주시기 바랍니다. 어쩌면 그 상처는 당신을 지키기 위한 마지막 몸부림일지도 모르니 말입니다.

## 빚은 빛이다

빚도 오래 두고 갚다 보면 빛이 된다는 걸, 우리가 조금이라도 가벼워질 수 있는 건 빛이 남아 있기 때문이라는 걸, 너는 알겠지. 사과가 되지 못한 꽃사과야.

– 나희덕 시인의 〈빚은 빛이다〉에서 인용함.

누군가는 말합니다. 어른이 된다는 것은 대출통장이 늘어나는 것이라고. 또 누군가는 말합니다. 살아간다는 것은 빚을 줄이는 것이라고.

결혼과 시작된 빚의 그늘, 그 그늘에서 벗어나기 위해 하루하루 돈과의 사투 속에서 살아온 날들이 눈앞에 선하게 다가옵니다.

그러나 되돌아 생각해 보면 그 빚이 있었기에 그토록 간절하게 새로운 빛을 꿈꾸며 하루하루 열심히 살아갈 수 있지 않았나 생각해 봅니다.

그러니 너무 빚 때문에 슬퍼하지 말고 '빚이 빛이 되는 순간'을 기약하며 살아가 보기 바랍니다. 그러다 보면 어느새 환하게 빛나고 있을 삶이 눈앞에 다가오게 될 것입니다.

# 집

직장에서 일을 마치고 집에 돌아가면 그냥 쉬고자 합니다. 그리고 아내나 아이들이 그렇게 쉴 수 있는 공간을 만들어 주기만을 바랍니다. 만약 그렇지 않고 집 안이 어수선하거나 아내와 아이들이 자꾸 떠들 때면 괜한 짜증이 납니다.

그러나 최인호 작가는 말합니다.

"가정이 어떻게 도서관이 될 수 있겠습니까? 가정은 또한 휴게실도 아니에요. 직장에서 귀가한 남편이 '집까지 왜 이렇게 시끄러워?'하고 화를 낸다면 그는 휴게실로 가는 편이 나을 겁니다. 짐승들이 서로의 상처를 핥아 주듯이 가정은 서로의 온갖 상처와 불만을 치유해 주는 곳이 되어야 합니다."

맞는 말입니다. 밖에서 진을 다 빼고 집에 가서는 그냥 쉬기만을 바라는 것은 집을 단순히 휴게실 정도로만 생각하는 것일 수 있습니다. 집은 가족 구성원들이 서로의 가슴을 내비치며 가장 따뜻한 숨결로 하나가 되는 공간입니다. 그 공간을 위해

밖에서보다 더 헌신적인 마음으로 다가가야만 하는 것입니다. 그래야만 그 힘으로 또다시 밖에 나가 사랑의 불길을 활활 피울 수 있는 것입니다.

부디, 집에 가시거든 오늘 하루만이라도 직장에서 사람들을 만나던 그 열정으로 온 힘을 다해 아내와 아이들을 안아 주셨으면 합니다.


## 말의 나라


수업하면서 아이들에게 자주 하는 말은 '말을 잘해야 성공한다.'는 것입니다. 그런데 말만 잘하고 행동은 엉망인 아이를 볼 때면 차라리 '침묵하라'고 소리치고 싶습니다. 실천이 뒷받침되지 않는 그런 달콤한 말만 할 거면 차라리 조용히 입 다물고 내 안의 너를 성찰하라고 외치고 싶습니다. 그런데 그 말이 쉽게 나오지 않습니다.

요즈음처럼 뛰어난 언변가가 대접받는 세상 속에서 말을 제대로 하지 못하는 것은 능력이 부족한 것으로 보이는 경우가 참 많기 때문입니다. 여기저기에서 뛰어난 언변을 강조하고 있습니다. 스피치 학원에는 하루가 다르게 많은 사람이 몰려들고 있습니다. 아이들은 대학을 가기 위해 면접을 준비하면서 수많은 시간을 영혼 없는 답변을 준비하는 데 소비하고 있습니다.

말의 나라에서 성공하기 위해서는 말의 잔치를 배워야만 하기 때문입니다. 영혼과 실천이 상실된 말의 나라에는 말의 유희가 사람의 정신마저 지배하게 되는 것입니다.

갑자기 '말보다는 침묵'을 강조하시던 어머니의 가르침이 눈앞에 떠오릅니다.


## 관상


어느 순간, 거울 속에 드리운 모습이 두렵게 느껴집니다. 내 마음은 오직 나만 알고 있으리라 생각했는데 어느 순간, 거울 속에 드리운 모습을 보니 그 안에 내가 있습니다. 닳고 닳은 내 영혼이 거울 속에 둥그렇게 웃고 있습니다. 세월이 흐르면서 살아온 흔적이 고스란히 남겨지는 곳이 사람의 얼굴이라는 말이 이제야 가슴에 와 닿습니다.

단장하고, 머리를 다듬고, 환하게 웃어 봐도 그을진 영혼은 그을진 눈빛으로 다가옵니다.

신영복 선생님의 말씀을 가슴에 새겨 봅니다.

"얼굴이란 단어의 옛말은 '얼꼴'이라고 합니다. '얼'은 '영혼'을 뜻하고, '꼴'은 모양을 뜻합니다. 공부는 이 얼굴을 아름답게 만드는 것입니다."

# 마더 테레사 수녀님의 글

마더 테레사 수녀님이 운영하던 인도 켈커타의 어린이집 벽에 새겨 있는 글입니다.

1. 사람들은 논리적이지도 않고 이성적이지도 않다. 게다가 자기중심적이다. 그래도 사람들을 사랑하라.
2. 당신이 착한 일을 하면 사람들은 다른 속셈이 있을 거로 의심할 것이다. 그래도 착한 일을 하라.
3. 당신이 성공하게 되면 가짜 친구와 진짜 적들이 생길 것이다. 그래도 성공하라.
4. 오늘 당신이 착한 일을 해도 내일이면 사람들은 잊어버릴 것이다. 그래도 착한 일을 하라.
5. 정직하고 솔직하면 공격당하기 쉽다. 그래도 정직하고 솔직하게 살아라.
6. 사리사욕에 눈먼 소인배들이 큰 뜻을 품은 훌륭한 사람들을 해칠 수 있다. 그래도 크게 생각하라.
7. 몇 년 동안 공들여 쌓은 탑이 하루아침에 무너질 수도 있다. 그래도 탑을 쌓아라.
8. 물에 빠진 사람을 구해 주면 보따리 내놓으라고 덤빌 수도 있다. 그래도 도움이 필요한 사람을 도와라.
9. 젖 먹던 힘까지 다해 헌신해도 칭찬을 듣기는 비난을 받을

수도 있다. 그래도 헌신하라.

10. 사람들은 약자에게 호의를 베푼다. 하지만 결국에는 힘 있는 사람 편에 선다. 그래도 소수의 약자를 위해 분투하라.

착한 일을 해도, 선한 일을 해도, 칭찬보다 비난이 다가올 때면 정말 하늘이 무너지는 것 같은 절망과 아픔이 다가옵니다. 그러면서 드는 생각은, '굳이 그럴 필요가 없구나.'라는 회의감과 자기만을 생각하는 이기심으로의 변화입니다. 그리고 사람 사이의 벽입니다. 이러한 벽은 곧 사람 간 믿음의 상실로 이어지고 깊은 고립감 속으로 빠져들게 만듭니다. 테레사 수녀님의 그 거룩한 마음이 비 오는 오늘 더욱더 크게만 느껴집니다.

## 유튜버 시대

초등학생들의 희망 직업 순위를 보면 현재 우리 사회의 트렌드를 분석해 볼 수 있습니다. 교육부와 한국직업능력개발원이 조사하여 발표한 자료를 보면, 초등학생의 희망 직업 10위 안에 처음으로 새로운 직업 하나가 등장했는데, 유튜버(인터넷 방송 진행자)라고 합니다.

초등학교에 다니는 딸아이가 매일같이 방 안에서 무언가를 열심히 찍는 모습을 보며 "스마트폰 좀 그만하고 책 좀 읽자."라고 소리치던 모습이 옳은 행동이었는지, 잘못된 훈육이었는지를 묻게 됩니다. '잘못되었다.'라고 단정 짓자니 아이를 구시대의 틀에 가두는 것 같고, '잘하고 있다.'라고 칭찬하자니 너무나 즉흥적인 게임과 취미 생활에만 아이를 풀어놓는 것 같은 두려움이 듭니다.

하얀 종이 위에 아무런 영상 없이 검은 활자 하나하나를 눈과 가슴으로 새기며 영적 풍요로움을 찾던 즐거운 추억을 되새기다가는 트렌드를 따라가지 못하는 고답이(고구마 답답이의 신조어)가 되는 것일까요? 아이 곁으로 다가가 아이가 찍은 유튜버를 함께 보며 잠시, 아이와 즐겁게 지내봅니다. "무슨 영상을 찍었어?"라고 묻자, 아이는 그 어느 때보다 즐거운 표정으로 영상 하나하나를 설명해 줍니다. 순간, 아이가 참 행복해 보입니다.

변화, 아이는 그저 시대의 트렌드를 따라가고 있었을 뿐 어쩌면 참된 변화는 그 변화를 받아들이지 못하는 모습에 있다는 생각이 듭니다. 다만, 그 변화가 너무나 즉흥적인 인기와 쾌락에만 집중되는 것이 아니라, 천천히 마음의 여유를 두고 즐거움을 함께 나눌 수 있는 그런 만남의 공간이 되었으면 좋겠습니다.


## 삶이란 순간이야


암에 걸린 남편이 치매에 걸린 아내를 혼자 두고 떠날 수 없어 요양병원에 보내려 하자 아내는 그때만큼은 올곧은 정신인지 '죽을 때까지 당신 옆에 있고 싶다.'고 말합니다. 마지막 남은 돈을 다 모아서 아내의 요양병원 비용을 통장 하나에 다 담고 안된다며 꼭 가야 한다며 요양병원으로 아내를 데리고 가자, 치매 걸린 아내는 그럼 당신 죽은 다음에 가겠다고 말합니다.

치매가 나은 것인지, 순간 남편은 아내를 다시 데리고 빈집으로 돌아옵니다. 그렇게 몇 달을 더 함께 지내고 남편은 결국 하늘나라로 가고 아내는 홀로 빈집을 지키다 누군가의 손에 이끌려 어딘가로 떠나갑니다.

그리고 몇 년 후 다시 찾은 빈집엔 무성한 풀들 사이로 분홍빛 국화 몇 송이가 피어나 있습니다. 시골에 가면 빈집들이 해가 갈수록 늘어납니다. 어릴 적 함께했던 고향 어르신들은 한

분 두 분 사라지고 빈집엔 오래된 풍경만이 추억을 깨우곤 합니다. 뒷집 마당 한편을 멍하니 바라보다 오래전 그곳에서 들려오던 할머니, 할아버지의 모습들을 잠시나마 마음에 새겨 봅니다. 시간은 가고, 어느새 우리도 조금씩 세월의 문턱에서 나이에 관한 이야기를 꺼내게 된 지금, 아내가 말합니다.

"삶이란 순간이야. 그러니 잘 살자."


## 나는 더는 부자를 꿈꾸지 않겠습니다

부자가 되고 싶었습니다. 가난이 싫어 가난 때문에 가족 간의 싸움이 생기고 소중한 사람과 미움 아닌 미움의 감정을 마음속에 심어야만 했을 때 정말 부자가 되고 싶었습니다.

가난 때문에 삶의 많은 것들을 다 포기하고 매일같이 힘든 노동의 사슬 속에서 밤낮없이 일을 해 봐도 좀처럼 희망은 보이지 않고 절망의 씨앗들만 늘어나 눈물이 아니고선 가난을 방어할 수 없을 때면 정말 부자가 되고 싶었습니다. 부자가 되고 싶어 재테크도 배워 봤고 투자도 해 봤습니다. 로또도 사 보고, 부동산에 관심도 가져 봤습니다. 그러나 부자가 되고자 할수록 삶은 더욱더 가난해져서 사람들 간의 관계는 부의 사슬에 묶여서 점점 멀어져만 갔으며 소중한 꿈들도 하나둘씩 어둠 속으로 묻혀 가야만 했습니다.

그러면서 비로소 깨닫게 되었습니다. 부라는 것은, 내가 쫓는다고 다가오는 것이 아니라는 것을. 부자가 되고 싶다고 부자가 되는 것이 아니라 자신의 가치를 실현하는 일을 하며 삶의 가치를 충만하게 꾸려 갈 때 비로소 부라는 것도 함께한다는 것을.

부자가 되고 싶나요? 그럼 지금 당신이 가장 좋아하는 일을 가장 즐겁게 시작해 보시기 바랍니다. 그 순간, 당신이 바라던 부가 당신의 가치를 더욱더 빛내기 위해 찾아올 것입니다.


## 어린 소녀의 외침

스웨덴의 10대 환경운동가인 그레타 툰베리는 말합니다.

"세상을 바꾸고 영향을 주기에 너무 작은 사람은 없다."

어차피 나 혼자 정직하다고 해서 세상이 정직한 것은 아니고, 나 혼자 깨끗하다고 해서 세상은 깨끗한 것은 아니며, 나 혼자 환경을 생각한다고 해서 환경이 나아지는 것은 아니기에 나도 그저 당신을 따라갈 뿐이라는 자기 합리화에 묻혀 잘못된 생각과 행동, 버려진 양심마저 정당화시키며 위안으로 삼던 그 마음이 16살 어린 소녀의 당당함 앞에 한없이 부끄럽고 초라하게 다가오는 시간입니다.

## 집 분배의 구조

반지하에 살던 때가 있었습니다. 세 평 남짓한 공간에서 반쯤
의 햇살을 눈에 담고 하루하루 희망을 노래하며 살던 때가 있었
습니다. 그러면서 늘 감사함을 간직할 수밖에 없었던 것은 제
아래층, 완전 지하 속에서 4인 가족이 하루하루 희망을 노래하
며 사는 모습을 늘 가슴에 새겼기 때문입니다. 쪽방촌, 벌집촌
오늘도 수많은 사람이 기본적인 주거시설조차 제대로 갖추어지
지 않은 곳에서 단지 살아야 한다는 생존의 이유에 묻혀 힘겨운
삶을 살아가고 있습니다.

우리나라 국내 임대사업자 상위 30명이 보유한 임대주택 수
는 매년 늘어 최근의 기준으로 총 1만 1,029채라고 합니다. 이
러한 수치는 소수의 1인이 무려 367채씩의 집을 소유하고 있다
는 것입니다. 최대 보유자는 무려 594채의 집을 소유하고 있다
고 합니다.

개인 재산의 확대라는 것도 중요하지만 최소한 기본적인 의식주의 문제에서만큼은 극한의 양극화 현상이 사라졌으면 좋겠습니다. 가난한 자의 외침이 아니라 부자들의 넉넉한 배려와 관심이 사회 정의를 위해 더욱더 요청되는 시간입니다.

## 5장

마음이,

가는 곳으로

# 나는 누구인가?

*나는 누구인가?*

　긴 길을 걸어왔어도 결국은 다시 처음의 물음, 그 앞에 서게 된다. 이 글을 쓰는 순간 여전히 내 모습은 고요하면서도 위태롭고 위태로우면서도 고요하다. 텅 빈 마음을 꿈꾸면서도 '따르릉 수당이 들어왔어요.'라는 계좌 입금 알림이 울리면 침울했던 의식이 꿈틀거리면서 무언가를 살 수 있고, 맛있는 것을 먹을 수 있다는 기분에 괜히 설레고 좋아진다. 어쩌면 욕망과 절제의 수레바퀴 속에서 자아 찾기의 과정은 늘 그렇게 흔들리다 넘어지고 넘어지다 다시 일어나 힘을 내 보는 그런 과정의 연속일지도 모른다.

*나는 누구인가?*

　밤새 술을 마시고, 밤새 야간산행을 떠나 보고, 밤새 노래를 불러 봐도 나는 없고 무언가를 갈망하는 내 모습만 존재한다. 책을 읽고 많은 사유를 해 봤으나 존재는 늘 위태롭고 공존은 갈수록 어렵게만 다가온다. 살아갈수록 자아는 경쟁, 돈, 권력, 욕구, 관계 등 다양한 빛깔에 의해 여러 가지 모습을 지니게 된다.

이 빛깔에 만족하며 살고 있다면 굳이 자아 찾기의 과정은 진행될 필요가 없는 것인지도 모른다. 그러나 어느 순간, 조금이라도 지금 내가 걷고 있는 발걸음이 정말 한 번뿐인 소중한 삶가운데 진실된 길인지에 대해 의문이 생긴다면 그건 순백의 자아가 내면의 어디쯤에선가 호흡할 수 있는 구멍을 찾고 있다는 증표가 될 것이다.

나는 누구인가?

하루하루 바쁘게 돌아가는 시간의 톱니바퀴 속에서 하루의 생존조차 제대로 장담할 수 없는 이 긴급한 현실 속에서 어쩌면 이러한 물음 자체가 참 고리타분한 질문일지도 모른다. 눈 감고, 귀 닫고, 생각의 문도 잠근 채 정신없이 살아가도 삶은 늘 부족하고 채워야 할 것은 가득하기만 한데 이러한 질문을 던지며 방황한다는 것 자체가 어쩌면 삶에 역행하는 부정적 자아의 모습일지도 모른다.

나는 누구인가?

아무리 생각해 보고, 많은 것을 읽어 봐도 답은 쉽게 나오지 않고 궁금함만 더욱더 깊어 간다. 모델링화된 인물이 가르쳐 준 삶도 더는 이정표로 다가오지 않고, 신앙으로 절대화된 믿음의 길도 결국은 위급한 현실 속에서는 와르르 무너지며, 내면을 아무리 곱게 포장하고 아름답게 만들고 싶어도 늘 무의식과의 힘겨운 조우 앞에 절망하고, 그냥 모든 것을 잊고 바쁘게 일상에 묻혀 살다 보면 어느 순간 찾아오는 텅 빈 공허함에 무너지는 가벼운 삶, 이 삶 앞에 의식의 작업은 의미가 있는 것일까?

## 나는 누구인가?

어쩌면 이 대답은 삶이 끝나는 마지막까지 계속해서 의문으로 끝날지도 모른다. 아니, 분명 의문으로 남게 될 것이다. 그럼에도 이러한 의식의 작업을 진행하는 것은 최소한 이러한 몸부림이라도 없을 경우, 내 모든 것이 나 아닌 다른 그 무언가에 의해 그저 송두리째 다 날아갈 것만 같은 두려움 때문이다. 어쩌면 이것은 한 번뿐인 삶에 대한 권리이자 의무일지도 모른다. 적어도 자신의 삶에 대해 가치 있는 삶을 지향하고자 하는 의지가 있다면 반드시 행해야 할 과제가 될 것이다.

물론, 이러한 의식의 작업을 지속한다고 해서 경제적 가치를 제공해 주지는 않는다. 그러나 넓게 생각해 보면 경제적 가치라는 것도 결국 자아의 가치 속에서 의미를 지니게 된다. 아무리 돈이 많고 권력이 높다고 해도 이를 삶의 가치와 연관 지어서 내 것으로 품어 안을 수 있는 참된 가치가 부재한다면 결국 삶의 주인은 내가 아니라 돈과 권력이 되기 때문이다.

나는 누구인가?

질문을 던지면 던질수록 더욱더 멀어지는 의식의 자아, 그 곁으로 바람이 분다. 그리고 나무와 꽃이 바람에 흔들린다. 흔들리는 그들의 몸짓을 보고 있으니, 마음이 따스하니 참 좋다. 살아서 꿈틀거리는 생명의 몸짓이란 어쩌면 저 나무와 꽃 같은 움직임일지도 모른다.

끊임없이 고민하고 아파하면서 찾게 되는 길, 그 길의 끝이 비록 텅 빈 허무함과 절망으로 끝날지라도 그러한 몸부림 자체에 살아 있음의 숨결이 꿈틀거리면서 다른 누군가에게 작은 위로가 될 수 있다면 '자아 찾기'의 과정은 충분히 의미가 있을 것이다.

나는 누구인가?

이제 결론을 내릴 때가 다가왔다. 나는 누구도 아니고 바로 있는 그대로의 내 모습일 뿐이다. 그 모습은 때때로 당신의 눈에 비친 거울의 모습일 수도 있고, 내 안에 무의식의 지배를 받고 있는 모습일 수도 있으며, 돈과 권력을 찾아 달려가는 모습일 수도 있다. 어디서 무엇을 쫓아 달려가고 있든 그 모습은 모두 결국 내가 포옹해 줘야 할 내 모습인 것이다.

바람이 분다. 참 좋다. 두 눈을 감고 바람 앞에 서 있으면 바람은 영혼의 인사를 전해 온다. 그 영혼은 때때로 순백의 때 묻지 않은 울림으로 저 심연의 끝에서 모락모락 피어나는 유년의 추억 속으로 잠시 쉼을 제공해 주기도 하고, 때때로 죽을 만큼 힘든 어두운 심연의 끝자리를 인도해 주지만 이 모든 순간을 다 사랑해야 한다는 것은 사유하는 인간이 지닌 숙명일 것이다.

나는 누구인가?

나는, 당신은, 그저 함께 부둥켜안고 살아가야 하는 쓸쓸하고 행복한 동행자일 뿐이다. 힘내라, 친구여. 그럼 안녕.

# 에필
## 로그

영혼을 찾아가는 방법에는 여러 가지가 있다. 누군가는 그림을 통해서 자신의 영혼의 모습과 마주하기도 하고, 또 누군가는 독서나 여행을 통해 영혼의 모습과 마주하기도 한다. 자아 찾기의 과정이 지속될수록 더욱더 쓸쓸하게 마주하는 영혼의 모습이 늘 한편에 머뭇거린다. 때론 이러한 안타까운 영혼을 조건 없이 어루만져 주고 싶기도 하고, 괜찮으니 네가 말하고 싶은 대로 말하고 행동하고 싶은 대로 다 해도 좋다고 다독여 주고 싶다.

사람은 누구나 실수를 한다. 우리가 보기에 지극히 모범적이고 성스러운 사람들도 다 감추고 싶은 비밀이 있다. 그 비밀은 욕망과 이성 속에 얼룩진 인간이 존재하기 위한 최소한의 몸부림일지도 모른다. 따라서 자신의 기대에 어긋나는 모습을 보였다고 너무 사회적으로 매장하거나 비난하지 않았으면 좋겠다. 이 세상에 완벽한 인간은 존재하지 않는다. 완벽하다면 그것은 인간 이상이거나 인간 이하가 되어야 할 것이다. 인간인 이상 우리 모두 실수하며 아파하고 힘들어하면서 함께하는 것이다.

겉으로 비교적 올바른 삶을 살고 있는 사람도 수없이 많은 실수와 상처와 아픔과 결점 속에서 오늘의 나로 살고 있는 것이다. 때론 감당할 수 없는 상처와 아픔 때문에 어딘가로 도망가 숨고 싶기도 하고, 모든 것을 다 버리고 극단적인 선택 앞에 머뭇거리기도 한다. 그런데 조금 실수했다고 자신의 일이 아니라고 아무렇지도 않게 온갖 매체를 동원해 비판하는 것은 인간에 대한 최소한의 예의를 저버리는 행동일 것이다.

강한 듯 보이는 사람이 더욱 약하고, 완벽하게 보이는 사람이 결점이 많다. 강하게 보이는 것은 다만 어떤 특정 기준에 대해서 본인의 생각이 확실하다는 것이기에 다른 기준에 대해서는 약할 수밖에 없다. 그리고 겉으로 보기에 완벽하게 보이는 사람은 완벽함을 위해 억압하고 참아야 하는 것이 많기에 그만큼 더 많은 부분에서 결점을 보이게 되는 것이다. 완벽하다는 것은 다만 환경과 누군가의 눈에 비친 완벽함일 뿐이다. 따라서 그 완벽함은 그가 지향하고자 하는 본모습이 아닌 것이다.

대중화 사회 속에서 사람들은 쉽게 대중성의 가치에 함몰되어 사람을 평가하게 된다. 대중적 인기가 있으면 본인도 모르게 그 사람의 가치에 끌려가고, 대중적 인기가 사라지면 본인도 모르게 기억 속에서 그 사람을 지우게 된다. 그리고 이러한 대중적 인기는 마치 바람의 움직임처럼 끊임없이 다양한 기호에 따라왔다가 사라지고, 또다시 찾아오게 되는 것이다. 따라서 대중적 기호에 자신의 삶을 저당 잡힌 채 살아가는 것이야말로 정말 쓸쓸한 일이라고 볼 수 있다.

대중적 인기에 집착하게 되면 사람들은 내면의 가치보다 그들의 요구에 맞춰서 자신의 가치를 포장하는 데에만 급급해진다. 따라서 점점 더 자신의 가치는 잊어버리게 되는 것이다. 그러다 어느 날, 아무도 없는 빈 공간에서 작은 빛 한 점과 대면하게 되었을 때 감당할 수 없는 외로움과 허무함이 찾아들게 되는 것이다. 따라서 우린 반드시 타자와 독립된 '나'를 찾고 그런 나를 따뜻하게 돌봐 주는 삶을 살아야만 한다.

나를 찾아가는 방법에는 여러 가지 있다. 정답은 없다. 김수환 추기경님의 질문에 대해 신부님이 말씀하듯이 어쩌면 이것은 '하늘'만이 답을 주는 궁금함일지도 모른다. 그만큼 어렵고 힘든 일이다. 그럼에도 우리는 분명 이 길에 대해 고민하고 무엇이 진정으로 나다운 길인지를 찾아 나가야만 하는 것이다. 그래야지만 한 번뿐인 삶의 가치를 귀중하게 여기고 되도록 후회하지 않는 삶을 살 수 있기 때문이다.

이 글을 쓰게 된 계기도 절망과 아픔 속에서 포기하지 않고 사는 법을 찾기 위해 시작했는지도 모른다. 그런데 막상 긴 시간 힘겹게 자신의 모습을 찾고 고민하며 성찰하는 시간을 가져

봤지만 아직도 내가 누구이며, 무엇을 위해, 어떻게 살아가야 할지에 대해서 잘 모르겠다. 다만 지금도 '자아 찾기'에 대해 지속적인 고민과 궁금증만 더해 갈 뿐이다.

심강현 작가는 〈욕망하는 힘, 스피노자 인문학〉에서 다음과 같이 말한다.

"명예욕은 오직 남들에게 인정받으려는 노력이고, 자기만족은 남들에 앞서 자신을 스스로 인정하려는 노력이다. 이렇게 자기만족이란 타인의 껍질이 아니라 자기 자신으로서 당당히 존재하며 자기가 자신을 인정하는 것이다. 모든 관계에서 가장 중요한 관계인 자기 자신과의 관계는 이렇게 시작된다. 어찌 보면 진정한 자유와 기쁨이란 궁극적으로는 이런 자신과의 관계가 어떠하냐에 달린 건지도 모른다."

바람이 분다. 바람 앞에 온전하게 영혼을 맡기기 따뜻하니 좋다. 당신의 음성과 숨결이 영혼을 어루만져 준다. 고맙다. 인생아, 사랑하자.